KB166976

오강남의
작은 도덕경

하루 한 장 나를 깨우는 지혜의 말

오강남의
작은 도덕경

노자 원전 · 오강남 옮김

ⓖ 현암사

오강남의
작은 도덕경

초판 1쇄 발행 2017년 8월 10일
초판 2쇄 발행 2023년 1월 25일

지은이 노자
옮긴이 오강남
펴낸이 조미현

편집주간 김현림
책임편집 김호주
디자인 나윤영

펴낸곳 (주)현암사
등록 1951년 12월 24일 · 제10-126호
주소 04029 서울시 마포구 동교로12안길 35
전화 365-5051
팩스 313-2729
전자우편 editor@hyeonamsa.com
홈페이지 www.hyeonamsa.com

ISBN 978-89-323-1867-7 00150

이 도서의 국립중앙도서관 출판예정도서목록(CIP)은 서지정보유통지원시스템 홈페이지
(http://seoji.nl.go.kr)와 국가자료종합목록시스템(http://www.nl.go.kr/kolisnet)에서
이용하실 수 있습니다.(CIP제어번호 CIP2017018973)

Thinking with Lao Tzu:

A New Translation of the *Tao Te Ching*

포켓판을 내면서

이 포켓판 『오강남의 작은 도덕경』은 옮긴이가 현암사를 통해 펴낸 『도덕경』 2010년 개정판에서 우리말 번역문과 한문 원문과 영어 번역문만을 따로 떼어서 모은 것이다. 이렇게 포켓판을 내는 주목적은 독자들이 이 작은 『도덕경』을 읽고 스스로 그 깊은 뜻을 음미할 수 있었으면 하는 바람에서다. 따라서 개정판에 실린 한문 원문에 대한 주석이나 해설, 참고문헌 등은 여기서 생략했다. 혹시 개정판을 읽으신 독자들은 그 내용을 회상하셔도 좋고, 이 포켓판을 처음 대하고 뭔가 좀 더 자세한 풀이가 필요하다고 여기시는 독자들은 개정판을 참조하셔도 좋을 것이다.

『도덕경道德經』은 여러 이설異說이 있기는 하지만 전통적으로 기원전 6세기에 살았다고 하는 노자老子 님이 남긴

글이라 알려져 있다. 전부가 한문으로 겨우 5,000자 남짓, 200자 원고지로 25매 정도다. 짤막짤막하게 81장으로 나누어져 있는데, 읽기에 따라서는 그야말로 한 시간 정도면 다 읽을 수도 있고 평생을 두고 읽고 또 읽을 수도 있다.

1940년대에 동양 사상을 서양에 소개하는 데 크게 이바지한 임어당林語堂은 "동양 문헌 가운데에서 어느 책보다도 먼저 읽어야 할 책이 바로 노자님의 『도덕경』이라고 생각한다"라고 했다. 『도덕경』의 영문 번역서 중에서 가장 많이 참고되는 번역서를 써낸 진영첩陳榮捷은 "『도덕경』이 쓰이지 않았다면 중국 문명이나 중국인의 성격이 완전히 달라졌을 것"이라고 했다. 서울대학교 영문과 교수였던 고 송욱宋稶 교수도 돌아가시기 직전 《한국일보》 기자와의 인터뷰에서 자기가 가진 수천 권의 장서 중 단 한 권 가장 아끼는 책을 골라잡으라 한다면 서슴지 않고 『도덕경』의 주석을 모아 엮은 『노자익老子翼』을 택할 것이라고 했다.

우리가 의식하든 그러지 못하든 『도덕경』에 나타난 사

상이 우리의 의식 심저心底를 움직이고 있고 그것은 중국, 한국, 일본 등 동양 삼국의 종교, 철학, 예술, 정치의 밑바닥을 흐르고 있다. 공자님의 윤리적이고 현실주의적인 사상이 우리 생활에서 양陽적인 외면 세계에 영향을 주었다면, 노자님의 형이상학적이고 신비주의적인 사상은 우리 생활에서 음陰적인 내면 세계를 움직였다고 할 수 있다.

근래에는 서양에서도 『도덕경』을 읽는 사람이 많아졌다. 헤겔이나 하이데거 같은 거장 철학자나 톨스토이 같은 사상가가 노자를 읽었다는 사실은 널리 알려져 있었지만 최근 들어 도가 사상道家思想에 관심을 가지는 사람, 대학에서 도가 사상 강의를 수강하는 학생의 수가 늘어나고 있다. 특히 최근에는 서양에서 많이 논의되는 환경 문제나 여성학 등과 관련하여 『도덕경』에 나타난 세계관이나 자연관, 여성관이 많은 사람의 관심거리가 되고 있다.

『도덕경』은 중국 고전 가운데 주석서가 많기로 유명한 책이다. 중국에서만도 약 1,500권의 주석서가 쓰였고, 그 중에서 약 350종이 현존하고 있다. 그뿐 아니라 영어로도

가장 많이 번역된 책으로서 현재까지 수백 종 이상의 번역서가 나왔고, 바로 지금 내 책상 위에도 아직 잉크 냄새가 채 가시지 않은 새 번역본 여러 권이 놓여 있다.

『도덕경』은 상식적으로 생각해서 '도덕'이나 '윤리'를 가르치는 책으로 알기 쉬우나 사실은 '도와 덕에 대한 경전'이라는 뜻이다. 그러면 '도'란 무엇이고, '덕'이란 무엇인가? 앞으로 읽어가면서 알게 되겠지만 우선 한마디만 언급한다면 '도'는 우주의 '궁극실재(窮極實在, ultimate reality)' 혹은 '근본 원리(Principle)'요, '덕'이란 그 도가 구체적인 인간이나 사물 속에서 자연스럽게 구현될 때 얻어지는 '힘' 같은 것이라 할 수 있다. 『도덕경』 전체를 통해서 주어지는 기본 메시지는 우주의 기본 원리인 '도'의 흐름을 체득하고, 그 흐름에 따라 살아감으로 참다운 자유의 삶을 살아가게 되는 '덕'을 보라는 것쯤으로 생각할 수 있다.

『도덕경』은 본래 번역하기 어려운 책으로 유명하다. 어느 판본에 의존하느냐에 따라 원문도 다르고 같은 원문이라도 문장을 어디에서 끊어 읽느냐, 한 글자를 동사로 읽느냐 명사로 읽느냐, 동사라도 자동사로 읽느냐 타동사로 읽느냐, 평성으로 읽느냐 거성으로 읽느냐 하는 등 읽기에 따라서 얼마든지 다르게 해석할 수 있기 때문이다. 결국 상당 부분 역자 자신이 여러 주석서나 번역서를 참고하고 이리저리 숙고해서 가장 온당하리라고 생각하는 데 따라 '결단'을 내리는 수밖에 없을 때가 많다. 물론 『도덕경』은 『장자』라든가 다른 서책과 마찬가지로 우리 속에 있는 무엇을 '일깨우기'위한 '일깨움(evocativeness)'을 기본 특성으로 하는 책이므로 내용적으로 의미상 차이가 약간 있다 하더라도 크게 문제 될 것은 없다. 노자님의 글을 읽고 그와 함께 생각하며 내면적 대화를 나눔으로써 뭔가 우리 속에 잠재해 있던 것을 일깨우려는 자세가 더욱 중요하다.

보통 한문 경전은 읽기가 어렵다고 한다. 그러나 한문 경전이라고 다른 어느 경전보다 유별나게 더 어려우라는 법은 없다. 우리가 그렇게 생각하는 것은 한문 경전을 우리말로 번역할 때 주로 자구에 얽매여 우리말답게 번역을 하지 않고, 한문 단어에 토나 다는 식으로 어색하게 옮겨놓은 것을 읽어왔기 때문일 것이다. 여기서는 원뜻이 가르치는 한도 내에서 최대한 우리말답게 옮기려고 애썼다. 사실 일반 독자는 반드시 한문 원문과 대조해가며 읽어야 할 필요가 없다는 것을 전제로 하고, 한문 원문 없이 우리말만으로도 우선 문맥이 통해야 한다는 원칙을 염두에 두고 번역에 임했다.

또 독자의 편의를 위해서 각 장에 제목을 달아보았다. 전통적으로 하상공이 달아놓은 제목이 있어 참고했지만 그대로 따르지는 않았다. 나름대로 각 장 본문의 중심 사상이나 잘 알려진 표현이라 생각되는 말을 골라 제목으로 붙였다. 일종의 색인 같은 역할을 해줄 수 있으리라 기대해본다.

본문의 우리말 번역은 모두 경어체로 했다. 본문의 말은 하늘에서 떨어진 것도 아니고, 무슨 신령이 뇌성 같은 음성으로 인간에게 들려준 것도 아니다. 심원한 우주의

진리를 먼저 터득한 한 인간이 동료 인간에게 속삭이듯 들려준 말이다. 어느 때는 우리에게 주는 교훈이요, 어느 때는 우리의 심혼을 일깨우는 통찰이요, 어느 때는 자기 혼자서 읊는 독백이요, 어느 때는 그윽한 명상이요, 어느 때는 해학이요 역설이다. 이럴 때 고고하고 강압적인 자세로 앉아 반말이나 어중간한 말로 했으리라기보다는 따뜻하고 부드러운 음성으로 존댓말을 써가며 말했으리라 생각된다. 아니 적어도 그렇게 생각하는 것이 오늘을 사는 우리의 심혼에 더욱 큰 친근감과 설득력을 가지고 육박해 들어오도록 하는 길이 아닌가 여겨진다.

부디 이 작은 책을 통해 『도덕경』과 더욱 친근해지는 독자들이 많아지기 빌어본다.

2017년 8월 캐나다 밴쿠버에서

오강남吳剛男

차례

제 1 장

도道라고 할 수 있는 도는 영원한 도가 아니다

— 도란 무엇인가?

'도'라고 할 수 있는 '도'는 영원한 '도'가 아닙니다.
이름 지을 수 있는 이름은 영원한 이름이 아닙니다.

이름 붙일 수 없는 그 무엇이 하늘과 땅의 시원.
이름 붙일 수 있는 것은 온갖 것의 어머니.

그러므로 언제나 욕심이 없으면 그 신비함을 볼 수 있고,
언제나 욕심이 있으면 그 나타남을 볼 수 있습니다.

둘 다 근원은 같은 것.

이름이 다를 뿐 둘 다 신비스러운 것.
신비 중의 신비요, 모든 신비의 문입니다.

道可道非常道, 名可名非常名. 無名天地之始, 有名萬物
之母. 故常無欲以觀其妙, 常有欲以觀其徼. 此兩者同,
出而異名, 同謂之玄. 玄之又玄, 衆妙之門.

The Tao that can be spoken of is not the eternal Tao;
The name that can be named is not the eternal name.

The unnamable is the beginning of heaven and earth;
The namable is the mother of all.

Therefore, get rid of your desire, and you will see its
    mystery.
Caught in desire, you will see only its manifestations.

Both of these are from the same source.
They are only called by different names.
Both of them are a mystery.
A mystery upon a mystery; the gate of all subtleties.

제2장

아름다움을 아름다움으로

— 상호 관계성의 확인

세상 모두가 아름다움을 아름다움으로 알아보는 자체가
추함이 있다는 것을 뜻합니다.
착한 것을 착한 것으로 알아보는 자체가
착하지 않음이 있다는 것을 뜻합니다.

그러므로 가지고 못 가짐도 서로의 관계에서 생기는 것.
어렵고 쉬움도 서로의 관계에서 성립하는 것.
길고 짧음도 서로의 관계에서 나오는 것.
높고 낮음도 서로의 관계에서 비롯하는 것.
악기 소리와 목소리도 서로의 관계에서 어울리는 것.

앞과 뒤도 서로의 관계에서 이루어지는 것.

따라서 성인[자유인]은 무위無爲로써 일을 처리하고,
말로 하지 않는 가르침을 수행합니다.

모든 일 생겨나도 마다하지 않고,
모든 것을 이루나 가지려 하지 않고,
할 것 다 이루나 거기에 기대려 하지 않고,
공을 쌓으나 그 공을 주장하지 않습니다.
공을 주장하지 않기에 이룬 일이 허사로 돌아가지 않습
　니다.

天下皆知美之爲美, 斯惡已. 皆知善之爲善, 斯不善已.
故有無相生, 難易相成, 長短相較, 高下相傾, 音聲相和,
前後相隨. 是以聖人處無爲之事, 行不言之敎. 萬物作
焉而不辭, 生而不有, 爲而不恃. 功成而弗居, 夫唯弗居,

是以不去.

We see the beautiful things as beautiful,
Because there is something ugly.
We see the good things as good,
Because there is something that is not good.

Therefore, being and non-being produce each other.
Difficult and easy form each other.
Long and short define each other.
High and low depend on each other.
Voice and sound harmonize each other.
Front and back follow each other.

Thus the sages act with non-action,
Practice the wordless teaching.

Things arise, and the sages do not reject them,
Things are produced, and they do not possess them,
Things are completed, and they do not depend on them,

Credit is due, and they do not claim it.
Since they do not claim the credit,
What they have done lasts forever.

제3장

마음은 비우고 배는 든든하게

— 안민安民의 길

훌륭하다는 사람 떠받들지 마십시오.
사람 사이에 다투는 일 없어질 것입니다.
귀중하다는 것 귀히 여기지 마십시오.
사람 사이에 훔치는 일 없어질 것입니다.
탐날 만한 것 보이지 마십시오.
사람의 마음 산란해지지 않을 것입니다.

그러므로 성인이 다스리게 되면 사람들로
마음은 비우고 배는 든든하게 하며,
뜻은 약하게 하고 뼈는 튼튼하게 합니다.

사람들로 지식도 없애고 욕망도 없애고,
영리하다는 자들 함부로 하겠다는 짓도 못 하게 합니다.

억지로 하는 함이 없으면
다스려지지 않는 것이 하나도 없습니다.

不尙賢, 使民不爭. 不貴難得之貨, 使民不爲盜. 不見可
欲, 使民心不亂. 是以聖人之治, 虛其心, 實其腹, 弱其
志, 强其骨. 常使民無知無欲, 使夫智者不敢爲也. 爲無
爲則無不治.

Do not overesteem those considered great,
And people will not compete with each other.
Do not overvalue what is difficult to attain,
And people will not steal.

Do not display what is desirable,
And people will not disturb their minds.

Therefore, when the sages govern,
They let people empty their minds and fill their bellies;
They let people weaken their will and strengthen their
    bones;
They let people have no knowledge and no desire;
They do not let those considered wise dare do any reckless
    things.

If you practice non-action,
Nothing is left ungoverned.

제4장

도는 그릇처럼 비어

― 도의 쓰임새

도는 그릇처럼 비어,

그 쓰임에 차고 넘치는 일이 없습니다.

심연처럼 깊어,

온갖 것의 근원입니다.

날카로운 것을 무디게 하고,

얽힌 것을 풀어주고,

빛을 부드럽게 하고,

티끌과 하나가 됩니다.

깊고 고요하여,

뭔가 존재하는 것 같습니다.

누구의 아들인지 난 알 수 없지만,
하늘님帝보다 먼저 있었음이 틀림없습니다.

道冲而用之, 或不盈. 淵兮, 似萬物之宗. 挫其銳, 解其
紛, 和其光, 同其塵, 湛兮, 似或存. 吾不知誰之子, 象帝
之先.

The Tao is like an empty vessel.
When used, there is no overflowing.
Deep as an infinite abyss,
It is the source of everything.

It blunts the sharp,

It unties the entangled,
It softens the bright,
It mingles with the dust,
It is deep and calm,
And there seems to be something in it.

I do not know whose child it is.
It must have been before God.

제5장

짚으로 만든 개처럼

— 도의 무편무당성

하늘과 땅은 편애하지 않습니다.

모든 것을 짚으로 만든 개처럼 취급합니다.

성인도 편애하지 않습니다.

백성을 모두 짚으로 만든 개처럼 취급합니다.

하늘과 땅 사이는 풀무의 바람통.

비어 있으나 다함이 없고,

움직일수록 더욱더 내놓는 것.

말이 많으면 궁지에 몰리는 법.

중심中을 지키는 것보다 좋은 일은 없습니다.

天地不仁, 以萬物爲芻狗. 聖人不仁, 以百姓爲芻狗. 天地之間其猶橐籥乎, 虛而不屈, 動而愈出. 多言數窮, 不如守中.

Heaven and earth do not take sides in their loving.
They treat everything as if they were straw dogs.
The sages do not take sides in their loving.
They treat people as if they were straw dogs.

Heaven and earth,
They are like a bellows.
It is empty yet inexhaustible.
The more it moves, the more it produces.

The more you talk, the more you are in trouble.

The best is to keep the center.

제6장

도는 신비의 여인玄牝

— 도의 여성적 특성

계곡의 신은 결코 죽지 않습니다.
그것은 신비의 여인.
여인의 문은 하늘과 땅의 근원.

끊길 듯하면서도 이어지고,
써도 써도 다할 줄을 모릅니다.

谷神不死, 是謂玄牝. 玄牝之門, 是謂天地根. 綿綿若存,
用之不勤.

The valley spirit does not die.
It is a mysterious female.
The door of the mysterious female
Is the root of heaven and earth.

It seems to be barely continuous, yet existing always.
It is used all the time, yet is never exhaustible.

제7장

하늘과 땅은 영원한데

— 스스로를 위해 살지 않는 삶

하늘과 땅은 영원한데
하늘과 땅이 영원한 까닭은
자기 스스로를 위해 살지 않기 때문입니다.
그러기에 참삶을 사는 것입니다.

성인도 마찬가지.
자기를 앞세우지 않기에 앞서게 되고,
자기를 버리기에 자기를 보존합니다.

나를 비우는 것이

진정으로 나를 완성하는 것 아니겠습니까?

天長地久, 天地所以能長且久者, 以其不自生, 故能長
生. 是以聖人後其身而身先, 外其身而身存. 非以其無私
邪, 故能成其私.

Heaven and earth are eternal.
Why are they eternal?
Because they do not live for themselves.
That is why they are eternal.

The sages, likewise, put themselves behind,
And they find themselves ahead.
They exclude themselves,
And they preserve themselves.

Is it not by emptying themselves,

They fulfill themselves?

제8장

가장 훌륭한 것은 물처럼 되는 것

— 물에서 배운다

가장 훌륭한 것은 물처럼 되는 것입니다.

물은 온갖 것을 위해 섬길 뿐,

그것들과 겨루는 일이 없고,

모두가 싫어하는 [낮은] 곳을 향하여 흐를 뿐입니다.

그러기에 물은 도에 가장 가까운 것입니다.

낮은 데를 찾아가 사는 자세

심연을 닮은 마음

사람됨을 갖춘 사귐

믿음직한 말

정의로운 다스림

힘을 다한 섬김

때를 가린 움직임.

겨루는 일이 없으니

나무람받을 일도 없습니다.

上善若水. 水善利萬物而不爭, 處衆人之所惡, 故幾於
道. 居善地, 心善淵, 與善仁, 言善信, 正善治, 事善能,
動善時. 夫唯不爭, 故無尤.

The best is to be like water.
Water benefits all things,
Without competing with them.
It dwells in low places that others disdain.

40

That is why it is closest to the Tao.

The earthbound dwelling,
The abyss-like mind,
The humane associations,
The faithful words,
The ordered government,
The competent management,
And the timely activities.

It does not compete,
And it is free from reproach.

제9장

적당할 때 멈추는 것이

— 집착에서의 해방

넘치도록 가득 채우는 것보다
적당할 때 멈추는 것이 좋습니다.
너무 날카롭게 벼리고 갈면 쉬 무디어집니다.
금과 옥이 집에 가득하면 이를 지킬 수가 없습니다.
재산과 명예로 자고해짐은 재앙을 자초함입니다.

일이 이루어졌으면 물러나는 것,
하늘의 길입니다.

持而盈之, 不如其已, 揣而銳之, 不可長保. 金玉滿堂, 莫之能守, 富貴而驕, 自遺其咎. 功遂身退, 天之道.

To hold and fill the bowl to the brim
Is not as good as stopping in time.
If you temper and sharpen your knife too much,
It will not last long.
If you fill your hall with gold and jade,
You will not able to guard them.
If you become proud with your wealth and honor,
You will surely invite calamity.

When your work is done, withdraw from it.
That is the way of heaven.

제 10 장

낳았으되 가지려 하지 않고

— 순수한 자기 희생

혼백을 하나로 감싸 안고

떨어져나가지 않도록 할 수 있겠습니까?

기氣에 전심하여 더없이 부드러워지므로

갓난아이 같은 상태를 유지할 수 있겠습니까?

마음의 거울을 깨끗이 닦아

티가 없게 할 수 있겠습니까?

백성을 사랑하고 나라를 다스림에

'무지'를 실천할 수 있겠습니까?

하늘 문을 열고 닫음에

여인과 같을 수 있겠습니까?

밝은 깨달음 사방으로 비춰나가

무위無爲의 경지를 이룰 수 있겠습니까?

낳고 기르십시오.

낳았으되 가지려 하지 마십시오.

모든 것 이루나 거기 기대려 하지 마십시오.

지도자가 되어도 지배하려 하지 마십시오.

이를 일컬어 그윽한 덕玄德이라 합니다.

載營魄抱一, 能無離乎. 專氣致柔, 能嬰兒乎. 滌除玄覽,
能無疵乎. 愛民治國, 能無知乎. 天門開闔, 能爲雌乎.
明白四達, 能無爲乎. 生之, 畜之. 生而不有, 爲而不恃,
長而不宰. 是謂玄德.

Can you embrace your souls (*hun* and *p'o*) as the one,
And keep them from departing from the original?
Can you concentrate on your breath,
And make it as soft as an infant baby?
Can you clean the dust in your mind mirror,
And make it spotless?
Can you love the people and govern the country,
And practice the principle of no-knowledge?
Can you open and close the gate of heaven,
And do it like a female?
Can you understand all,
And practice the principle of no-action?

Give birth to things and nourish them.
Give birth without trying to possess them.
Complete them without trying to rely on them.
Lead them, but do not control them.
This is called mysterious virtue.

제11장

아무것도 없음 때문에

— 없음의 쓸모

서른 개 바퀴살이 한 군데로 모여 바퀴통을 만드는데
[그 가운데] 아무것도 없음無때문에
수레의 쓸모가 생겨납니다.

흙을 빚어 그릇을 만드는데
[그 가운데] 아무것도 없음 때문에
그릇의 쓸모가 생겨납니다.

문과 창을 뚫어 방을 만드는데
[그 가운데] 아무것도 없음 때문에

방의 쓸모가 생겨납니다.

그러므로 있음은 이로움을 위한 것이지만
없음은 쓸모가 생겨나게 하는 것입니다.

三十輻共一轂, 當其無, 有車之用. 埏埴以爲器, 當其無,
有器之用. 鑿戶牖以爲室, 當其無, 有室之用. 故有之以
爲利, 無之以爲用.

Thirty spokes surround the hub to make a wheel,
And it is because of its non-being that it becomes useful.

Clay is molded to form a vessel,
And it is because of its non-being that it becomes useful.

Doors and windows are cut out to make a room,
And it is because of its non-being that it becomes useful.

Therefore, being is for benefit,
And non-being is for usefulness.

제 12 장

다섯 가지 색깔로 사람의 눈이 멀고
— 감각적 욕망의 극복

다섯 가지 색깔로 사람의 눈이 멀게 되고,
다섯 가지 소리로 사람의 귀가 멀게 되고,
다섯 가지 맛으로 사람의 입맛이 고약해집니다.

말달리기, 사냥하기로 사람의 마음이 광분하고,
얻기 어려운 재물로 사람의 행동이 빗나가게 됩니다.

그러므로
성인은 배腹를 위하고 눈을 위하지 않습니다.
후자는 뒤로하고 전자를 취합니다.

五色令人目盲, 五音令人耳聾, 五味令人口爽, 馳騁畋
獵令人心發狂, 難得之貨令人行妨. 是以聖人爲腹, 不爲
目, 故去彼取此.

The five colors make your eyes blind;
The five tones make your ears deaf;
The five flavors make your taste dull.

Racing and hunting make your mind mad;
The goods that are difficult to obtain make your actions
    go astray.

Therefore, the sages are concerned with the belly and not
    the eyes;
They reject the latter and accept the former.

제13장

내 몸 바쳐 세상을 사랑

— 지도자의 요건, 자기 비움

수모를 신기한 것처럼 좋아하고,

고난을 내 몸처럼 귀하게 여기십시오.

수모를 신기한 것처럼 좋아한다 함은

무엇을 두고 하는 말입니까?

낮아짐을 좋아한다는 뜻입니다.

수모를 당해도 신기한 것,

수모를 당하지 않아도 신기한 것,

이것을 일러 수모를 신기한 것처럼 좋아함이라 합니다.

고난을 내 몸처럼 귀하게 여긴다 함은
무엇을 두고 하는 말입니까?
고난을 당하는 까닭은 내 몸이 있기 때문,
내 몸 없어진다면 무슨 고난이 있겠습니까?

내 몸 바쳐 세상을 귀히 여기는 사람
가히 세상을 맡을 수 있고,
내 몸 바쳐 세상을 사랑하는 사람
가히 세상을 떠맡을 수 있을 것입니다.

寵辱若驚, 貴大患若身. 何謂寵辱若驚, 寵爲下, 得之若
驚, 失之若驚, 是謂寵辱若驚. 何謂貴大患若身, 吾所以
有大患者, 爲吾有身. 及吾無身, 吾有何患, 故貴以身爲
天下, 若可寄天下, 愛以身爲天下, 若可託天下.

Accept disgrace as a surprise;
Regard suffering as precious as your body.

What does "accepting disgrace as a surprise" mean?
It means making yourself humble.
Whether you face disgrace or not,
You accept it as a surprise.
This is what "accepting disgrace as a surprise" means.

What does "regarding suffering as precious as your body"
   mean?
I am suffering because I have a body;
And if I disregard the body,
How can I suffer?

Those who value the world as their body
Can be entrusted with the world.
Those who love the world as their body
Can be left with the world.

제14장

보아도 보이지 않는 것

— 도의 신비적 초월성

보아도 보이지 않는 것, 이름하여 이夷라 하여 봅니다.
들어도 들리지 않는 것, 이름하여 희希라 하여 봅니다.
잡아도 잡히지 않는 것, 이름하여 미微라 하여 봅니다.
이 세 가지로도 밝혀낼 수 없는 것,
세 가지가 하나로 혼연일체를 이룬 상태.

그 위라서 더 밝은 것도 아니고,
그 아래라서 더 어두운 것도 아닙니다.
끝없이 이어지니 무어라 이름 붙일 수도 없습니다.
결국 '없음'의 세계로 돌아갑니다.

이를 일러 '모양 없는 모양無狀之狀',
'아무것도 없음의 형상無物之象'이라 합니다.
가히 '황홀'이라 하겠습니다.

앞에서 맞아도 그 머리를 볼 수 없고,
뒤에서 좇아도 그 뒤를 볼 수 없습니다.

태고의 도를 가지고 오늘의 일有을 처리하십시오.
태고의 시원을 알 수 있을 것입니다.
이를 일컬어 '도의 실마리'라 합니다.

視之不見, 名曰夷. 聽之不聞, 名曰希. 搏之不得, 名曰
微. 此三者, 不可致詰, 故混而爲一. 其上不皦, 其下不
昧. 繩繩不可名. 復歸於無物, 是謂無狀之狀, 無物之象.
是謂惚恍. 迎之不見其首, 隨之不見其後. 執古之道, 以
御今之有, 能知古始, 是謂道紀.

We look at it but do not see it;
And we call it invisible.
We listen to it but do not hear it;
And we call it inaudible.
We touch it but do not hold it;
And we call it subtle.
These three cannot be the complete explanation;
They are, however, reduced to indicate the One.

It is not brighter on its highest side;
It is not darker on its deepest side.
Infinitely continuous, it cannot be named.
It ultimately returns to the formless.
This is called the form of the formless,
The image of the formless.
This should be called the ecstatic.

Greet it and you will not see its head;
Follow it and you will not see its back.

Deal with the things of the present with the Tao of the

old,

And you may know the ancient beginning.

This is called the thread of the Tao.

제 15 장

도를 체득한 훌륭한 옛사람은

— 도인의 외적 특색

도를 체득한 훌륭한 옛사람은
미묘 현통微妙玄通하여 그 깊이를 알 수 없었습니다.

[그 깊이를] 알 수 없으니
드러난 모습을 가지고 억지로 형용을 하라 한다면
겨울에 강을 건너듯 머뭇거리고,
사방의 이웃 대하듯 주춤거리고,
손님처럼 어려워하고,
녹으려는 얼음처럼 맺힘이 없고,
다듬지 않은 통나무처럼 소박하고,

계곡처럼 트이고,
흙탕물처럼 탁합니다.

탁한 것을 고요히 하여 점점 맑아지게 할 수 있는 이
누구겠습니까?
가만히 있던 것을 움직여 점점 생동하게 할 수 있는 이
누구겠습니까?

도를 체득한 사람은 채워지기를 원하지 않습니다.
채워지기를 원하지 않기 때문에
멸망하지 않고 영원히 새로워집니다.

古之善爲士者, 微妙玄通, 深不可識. 夫唯不可識, 故强
爲之容. 豫焉, 若冬涉川, 猶兮, 若畏四隣, 儼兮, 其若客,
渙兮, 若冰之將釋, 敦兮, 其若樸, 曠兮, 其若谷, 混兮,
其若濁. 孰能濁以靜之徐淸. 孰能安以久動之徐生. 保此

道者不欲盈, 夫唯不盈, 故能蔽不新成.

The ancient sages of the Tao
Were mysteriously subtle and profoundly penetrating,
Too deep to be fathomed.

Because they were unfathomable,
One can only try to describe them with their appearance:
Hesitant like a person crossing a thinly frozen river in the
    winter,
Timid like a person afraid of neighbors on all sides,
Cautious like a visitor,
Yielding like ice about to melt,
Simple like an uncarved block,
Open like a valley,
Undifferentiated like muddy water.

Who can calm the muddy water and gradually make it
    clear?
Who can move the inert and gradually make it dynamic?

Those who realize the Tao do not want to be filled.
Precisely because they do not want to be filled,
They do not perish but have eternal life.

제16장

완전한 비움

― 뿌리로 돌아감

완전한 비움에 이르십시오.

참된 고요를 지키십시오.

온갖 것 어울려 생겨날 때

나는 그들의 되돌아감을 눈여겨봅니다.

온갖 것 무성하게 뻗어가나

결국 모두 그 뿌리로 돌아가게 됩니다.

그 뿌리로 돌아감은 고요를 찾음입니다.

이를 일러 제명을 찾아감이라 합니다.

제명을 찾아감이 영원한 것입니다.

영원한 것을 아는 것이 밝아짐입니다.

영원한 것을 알지 못하면 미망으로 재난을 당합니다.

영원한 것을 알면 너그러워집니다.

너그러워지면 공평해집니다.

공평해지면 왕같이 됩니다.

왕같이 되면 하늘같이 됩니다.

하늘같이 되면 도같이 됩니다.

도같이 되면 영원히 사는 것입니다.

몸이 다하는 날까지 두려울 것이 없습니다.

致虛極, 守靜篤. 萬物並作, 吾以觀復. 夫物芸芸, 各復
歸其根, 歸根曰靜. 是謂復命, 復命曰常, 知常曰明. 不
知常, 妄作凶. 知常容, 容乃公. 公乃王, 王乃天. 天乃道,
道乃久, 沒身不殆.

Attain complete emptiness.
Maintain genuine quietude.
When all things flourish together,
I watch their return.

All things flourish profusely,
They return to their root.
Returning to the root means attaining tranquility.
This is called returning to their destiny.
Returning to their destiny is called the eternal.
Knowing the eternal is called enlightenment.

If you do not know the eternal, you will bring disaster by
    acting in delusion.
If you know the eternal, you will be generous.
If you are generous, you will be impartial.
If you are impartial, you will be kingly.
If you are kingly, you will be like heaven.
If you are like heaven, you will be the Tao.
If you are like the Tao, you will be everlasting.
And you will be free from danger until your body perishes.

제 17 장

가장 훌륭한 지도자는

— 네 종류의 지도자

가장 훌륭한 지도자는 사람들에게 그 존재 정도만 알려
　진 지도자,
그다음은 사람들이 가까이하고 칭찬하는 지도자,
그다음은 사람들이 두려워하는 지도자,
가장 좋지 못한 것은 사람들의 업신여김을 받는 지도자.

신의가 모자라면
불신이 따르게 마련입니다.

[훌륭한 지도자는] 말을 삼가고 아낍니다.

[지도자가] 할 일을 다 하여 모든 일 잘 이루어지면
사람들은 말할 것입니다, "이 모두가 우리에게 저절로 된
　것이라"고.

太上, 不知有之. 其次, 親而譽之. 其次, 畏之. 其次, 侮
之. 信不足焉, 有不信焉. 悠兮, 其貴言. 功成事遂, 百姓
皆謂我自然.

The best leader is the one whose existence is barely known
　to the people;
The next best is the one who is loved and praised;
The next is the one who is feared;
The worst is the one who is despised.

If one does not sufficiently trust others,
The others will not fully trust that person either.

The great leader is cautious and values his words.
When he completes his work and finishes his tasks,
The people will say, "All these things we have done by
    ourselves."

제18장

대도가 폐하면 인이니 의니 하는 것이

— 윤리적 차원의 한계

대도大道가 폐하면
인仁이니 의義니 하는 것이 나서고,
지략이니 지모니 하는 것이 설치면
엄청난 위선이 만연하게 됩니다.
가족 관계가 조화롭지 못하면
효孝니 자慈니 하는 것이 나서고,
나라가 어지러워지면
충신이 생겨납니다.

大道廢, 有仁義. 慧智出, 有大僞. 六親不和, 有孝慈. 國家昏亂, 有忠臣.

When the great Tao is forsaken,
There arises concern for humanity and righteousness.
When cunning knowledge and wisdom are rampant,
There prevails great hypocrisy.
When the six familial relationships are in disharmony,
There appears emphasis on filial piety and parental
  compassion.
When a country is in disarray,
There arise faithful ministers.

제19장

성스러운 체함을 그만두고

— 소박성 회복

성聖스러운 체함을 그만두고 아는 체를 버리면
사람에게 이로움이 백배나 더할 것입니다.
인仁을 그만두고 의義를 버리면
사람이 효성과 자애를 회복할 것입니다.
재간 부리기를 그만두고 이보려는 마음을 버리면
도둑이 없어질 것입니다.
이 세 가지는 문명을 위하는 일이지만
그 자체만으로는 부족합니다.

그러므로 뭔가 덧붙이지 않을 수 없습니다.

물들이지 않은 명주의 순박함을 드러내고
다듬지 않은 통나무의 질박함을 품는 것,
'나' 중심의 생각을 적게 하고
욕심을 줄이는 것입니다.

絶聖棄智, 民利百倍. 絶仁棄義, 民復孝慈. 絶巧棄利, 盜
賊無有. 此三者以爲文不足, 故令有所屬. 見素抱樸, 少
私寡欲.

Eliminate sageliness and abandon cunning knowledge,
And the people will benefit a hundredfold.
Eliminate humanity and abandon righteousness,
And the people will return to filial piety and parental
    compassion.
Eliminate cunning skills and abandon the concern for

profit,
And there will be no more thieves and robbers.
These three things are for civility but are insufficient by
themselves.

Therefore, there should be something added:
Have the plainness of undyed silk;
Embrace the simplicity of uncarved block;
Reduce selfishness;
Make fewer desires.

제 20 장

세상 사람 모두 기뻐하는데

— 위대한 인물의 실존적 고독

배우는 일을 그만두면 근심이 없어질 것입니다.
'예'라는 대답과 '응'이라는 대답의 차이가 얼마겠습니까?
선하다는 것과 악하다는 것의 차이가 얼마겠습니까?
사람들이 두려워하는 것 나도 두려워해야 합니까?
얼마나 허황하기 그지없는 이야기입니까?

딴 사람 모두 소 잡아 제사 지내는 것처럼 즐거워하고,
봄철 망루望樓에 오른 것처럼 기뻐하는데,
나 홀로 멍청하여 무슨 기미조차 보이지 않고,
아직 웃을 줄도 모르는 갓난아이 같기만 합니다.

지친 몸으로도 돌아갈 곳 없는 사람과도 같습니다.

세상 사람 모두 여유 있어 보이는데
나 홀로 빈털터리 같습니다.
내 마음 바보의 마음인가 흐리멍덩하기만 합니다.
세상 사람 모두 총명한데 나 홀로 아리송하고,
세상 사람 모두 똑똑한데 나 홀로 맹맹합니다.
바다처럼 잠잠하고, 쉬지 않는 바람 같습니다.
딴 사람 모두 뚜렷한 목적이 있는데
나 홀로 고집스럽고 촌스럽게 보입니다.

나 홀로 뭇사람과 다른 것은 결국
나 홀로 어머니 [젖] 먹음을 귀히 여기는 것입니다.

絶學無憂. 唯之與阿, 相去幾何. 善之與惡, 相去若何.
人之所畏, 不可不畏. 荒兮, 其未央哉. 衆人熙熙, 如享

太牢, 如春登臺. 我獨泊兮, 其未兆, 如嬰兒之未孩. 儽
儽兮, 若無所歸. 衆人皆有餘, 而我獨若遺. 我愚人之心
也哉, 沌沌兮. 俗人昭昭, 我獨昏昏. 俗人察察, 我獨悶
悶. 澹兮其若海, 飂兮若無所止. 衆人皆有以, 而我獨頑
似鄙. 我獨異於人而貴食母.

Stop learning and be free from worry.
What would be the difference between yes and no?
What would be the difference between good and evil?
Should we dread what others dread?
What an endless confusion.

All the other people are merry, as though feasting at the ox
    sacrifice or mounting a terrace in springtime;
I alone am inert with no sign,
Like a baby that has no smile yet.
Dejected, I have nowhere to return to.

All the other people have more than enough;

I alone have nothing.

My mind seems to be the mind of a fool; Stupid and
ignorant.

All the other people are bright; I alone am dark.

The other people are sharp; I alone am fuzzy.

Drifting as the ocean; Aimless as the wind.

All the other people have a purpose;

I alone am stubborn and rustic.

I am different from the other people:

I value feeding from Mother's breast.

제 21 장

황홀하기 그지없지만 그 안에

— 도의 존재론적 측면

위대한 덕(힘)의 모습은 오로지 도를 따르는 데서 나옵니다.

도라고 하는 것은 황홀할 뿐입니다.

황홀하기 그지없지만 그 안에 형상象이 있습니다.

황홀하기 그지없지만 그 안에 질료物가 있습니다.

그윽하고 어둡지만 그 안에 알맹이精가 있습니다.

알맹이는 지극히 참된 것으로서, 그 안에는 미쁨이 있습
니다.

예부터 이제까지 그 이름 없은 적이 없습니다.

그 이름으로 우리는 만물의 시원을 볼 수 있습니다.

내가 만물의 시원이 이러함을 알 수 있는 것은
바로 이 때문입니다.

孔德之容, 惟道是從, 道之爲物, 惟恍惟惚, 惚兮恍兮,
其中有象, 恍兮惚兮, 其中有物, 窈兮冥兮, 其中有精,
其精甚眞, 其中有信. 自古及今, 其名不去, 以閱衆甫. 吾
何以知衆甫之狀哉, 以此.

The quality of great virtue(*te*) comes only from following
    the Tao.
The Tao is ecstatic.
Ecstatic, and yet inside it there is the form.
Ecstatic, and yet inside there is the material.
Nebulous and dark, and yet inside there is the essence.
Its essence is extremely real, and inside there is the
    evidence.

From the past till now, its name has never gone away.
By its name we may see the beginning of all things.
How do I know what the beginning of all things is like?
Through this.

제22장

휘면 온전할 수 있고

— 겸손의 위력

휘면 온전할 수 있고,

굽으면 곧아질 수 있고,

움푹 파이면 채워지게 되고,

헐리면 새로워지고,

적으면 얻게 되고,

많으면 미혹을 당하게 됩니다.

그러므로 성인은 '하나'를 품고 세상의 본보기가 됩니다.

스스로를 드러내려 하지 않기에 밝게 빛나고,

스스로 옳다 하지 않기에 돋보이고,

스스로 자랑하지 않기에 그 공로를 인정받게 되고,
스스로 뽐내지 않기에 오래갑니다.

겨루지 않기에 세상이 그와 더불어 겨루지 못합니다.
옛말에 이르기를 휘면 온전할 수 있다고 한 것이 어찌 빈
　말이겠습니까?
진실로 온전함을 보존하여 돌아가십시오.

曲則全, 枉則直, 窪則盈, 敝則新, 少則得, 多則惑. 是以
聖人抱一爲天下式. 不自見故明, 不自是故彰, 不自伐故
有功, 不自矜故長. 夫唯不爭, 故天下莫能與之爭. 古之
所謂曲則全者, 豈虛言哉. 誠全而歸之.

Bent, you will be preserved whole.

Crooked, you will be straightened.
Sunken, you will be filled.
Worn out, you will be renewed.
Little, you will gain.
Plenty, you will be confused.

Therefore, the sages embrace the One,
And become the shepherds (or the model) of the world.
They do not show themselves off; that is why they shine
  forth.
They do not justify themselves; that is why they become
  prominent.
They do not boast of themselves; that is why they are
  recognized.
They do not praise themselves; that is why they are long-
  lasting.

It is simply because they do not contend,
No one can compete with them.
Is the ancient saying, "Bent, you will be preserved whole,"
  empty words?
Truly be preserved whole and return [to the Tao].

제23장

말을 별로 하지 않는 것이 자연

— 언어를 넘어서는 경지

말을 별로 하지 않는 것이 자연입니다.
회오리바람도 아침 내내 불 수 없고,
소낙비도 하루 종일 내릴 수 없습니다.
누가 하는 일입니까?
하늘과 땅이 하는 일입니다.
하늘과 땅도 이처럼 이런 일을 오래 할 수 없거늘
하물며 사람이 어찌 그럴 수 있겠습니까?

그러므로 도를 따르는 사람은 도와 하나가 되고,
덕을 따르는 사람은 덕과 하나가 되고,

잃음을 따르는 사람은 잃음과 하나가 됩니다.

도와 하나 된 사람 [도] 역시 그를 얻었음을 기뻐하고,

덕과 하나 된 사람 [덕] 역시 그를 얻었음을 기뻐하고,

잃음과 하나 된 사람 [잃음] 역시 그를 얻었음을 기뻐할
   것입니다.

신의가 모자라면

불신이 따르게 마련입니다.

꿏

希言自然, 故飄風不終朝, 驟雨不終日. 孰爲此者, 天地.
天地尙不能久, 而況於人乎. 故從事於道者, 道者, 同於
道, 德者, 同於德, 失者, 同於失. 同於道者, 道亦樂得之,
同於德者, 德亦樂得之, 同於失者, 失亦樂得之. 信不足
焉, 有不信焉.

Nature rarely uses words.

A whirlwind does not last a whole morning.

A downpour does not last a whole day.

Who does these things?

It is heaven and earth(nature).

If even heaven and earth cannot make them last long,

How much less can we humans?

Therefore, those who follow the Tao identify themselves
with the Tao.

Those who follow virtue(*te*) identify themselves with
virtue.

Those who lose [the Tao] identify themselves with the loss
[of the Tao].

Those who identify themselves with the Tao — the Tao is
also happy to have them.

Those who identify themselves with virtue — virtue is also
happy to have them.

Those who identify themselves with loss — loss is also
happy to lose them.

If one does not sufficiently trust others,
The others will not fully trust that person either.

제24장

발끝으로는 단단히 설 수 없고
— 부자연스러운 행동의 역효과

발끝으로 서는 사람은 단단히 설 수 없고,
다리를 너무 벌리는 사람은 걸을 수 없습니다.
스스로를 드러내려는 사람은 밝게 빛날 수 없고,
스스로 의롭다 하는 사람은 돋보일 수 없고,
스스로 자랑하는 사람은 그 공로를 인정받지 못하고,
스스로 뽐내는 사람은 오래갈 수 없습니다.

도의 입장에서 보면
이런 일은 밥찌꺼기 군더더기 같은 행동으로
모두가 싫어하는 것입니다.

그러므로 도의 사람은 이런 일에 집착하지 않습니다.

企者不立. 跨者不行. 自見者不明. 自是者不彰. 自伐者
無功. 自矜者不長. 其在道也, 曰餘食贅行, 物惑惡之. 故
有道者不處.

If you stand on tiptoe, you cannot stand firm.
If you stride too far, you cannot go far.
If you show yourself off, you cannot shine forth.
If you justify yourself, you cannot become prominent.
If you boast of yourself, you cannot be recognized.
If you praise yourself, you cannot be long-lasting.

Seen in light of the Tao,
Such things are like remnants of food and tumors of
    action.
Everyone hates these things.

Therefore, those who want to be with the Tao do not
  abide in them.

제25장

___

나는 그 이름을 모릅니다
— 근원으로서의 도

분화되지 않은 완전한 무엇,

하늘과 땅보다 먼저 있었습니다.

소리도 없고, 형체도 없고,

무엇에 의존하지도 않고, 변하지도 않고,

두루 편만하여 계속 움직이나 [없어질] 위험이 없습니다.

가히 세상의 어머니라 하겠습니다.

나는 그 이름을 모릅니다.

그저 '도'라 불러봅니다.

구태여 형용하라 한다면 '크다大'고 하겠습니다.

크다고 하는 것은 끝없이 뻗어간다는 것,

끝없이 뻗어간다는 것은 멀리멀리 나가는 것,

멀리멀리 나간다는 것은 되돌아가는 것입니다.

그러므로 도도 크고, 하늘도 크고, 땅도 크고, 임금도 큽
　　니다.

세상에는 네 가지 큰 것이 있는데 사람도 그 가운데 하나
　　입니다.

사람은 땅을 본받고, 땅은 하늘을 본받고, 하늘은 도를 본
　　받고,

도는 '스스로 그러함'을 본받습니다.

有物混成, 先天地生. 寂兮寥兮, 獨立而不改, 周行而不
殆, 可以謂天下母. 吾不知其名, 字之曰道, 强爲之名曰
大. 大曰逝, 逝曰遠, 遠曰反. 故道大, 天大, 地大, 王亦
大. 域中有四大, 而王居其一焉. 人法地, 地法天, 天法

道, 道法自然.

There was something undifferentiated and yet perfect
Before heaven and earth were born.
Soundless and formless,
Independent and unchanging,
Prevailing everywhere and inexhaustible,
It can be called the mother of the universe.

I do not know its name.
I just give it a style name, "Tao."
If forced to name it, I would call it "Great."
Being great means far-reaching;
Far-reaching means returning.

The Tao is great; Heaven is great; Earth is great; and the
    king, too, is great.
There are four greats in the universe, and the king is one
    of them.
A human being follows the example of earth;

Earth follows the example of heaven;
Heaven follows the example of the Tao;
And the Tao follows the example of "Self-so."

제26장

무거운 것은 가벼운 것의 뿌리

— 무거움의 힘

무거운 것은 가벼운 것의 뿌리입니다.
조용한 것은 조급한 것의 주인입니다.

그러므로 성인은 하루 종일 다닐지라도
짐수레를 떠나지 않습니다.
화려한 경관이 있을지라도
의연하고 초연할 뿐입니다.
만 대의 전차를 가진 나라의 임금이
어찌 세상에서 가볍게 처신할 수 있겠습니까?

가볍게 처신하면 그 근본을 잃게 되고,
조급히 행동하면 임금의 자리를 잃게 될 것입니다.

重爲輕根, 靜爲躁君, 是以聖人終日行, 不離輜重, 雖有
榮觀, 燕處超然. 奈何萬乘之主, 而以身輕天下. 輕則失
本, 躁則失君.

Heaviness is the root of lightness;
Calmness is the lord of hastiness.

Therefore, the sages may travel all day,
But do not leave their heavy baggage wagons.
Even at the sight of splendid scenes,
They remain serene and indifferent.
How should the lords with ten thousand chariots
Carry themselves lightly in their country?

If they conduct themselves lightly, they will lose their
  roots;
If they are hasty, they will lose their rulership.

제27장

정말로 잘하는 사람은

— 도에 따른 행동의 완벽성

정말로 달리기를 잘하는 사람은 달린 자국을 남기지 않
　습니다.

정말로 잘하는 말에는 흠이나 티가 없습니다.

정말로 계산을 잘하는 사람에겐 계산기가 필요 없습니다.

정말로 잘 닫힌 문은 빗장이 없어도 열리지 않습니다.

정말로 잘 맺어진 매듭은 졸라매지 않아도 풀리지 않습
　니다.

그러므로 성인은 언제나 사람을 잘 도와주고,

아무도 버리지 않습니다.

물건을 잘 아끼고, 아무것도 버리지 않습니다.
이를 일러 밝음을 터득함이라 합니다.

그러므로 선한 사람은 선하지 못한 사람의 스승이요,
선하지 못한 사람은 선한 사람의 감擧입니다.
스승을 귀히 여기지 못하는 사람이나,
감을 사랑하지 못하는 사람은,
비록 지혜롭다 자처하더라도 크게 미혹된 상태입니다.
이것이 바로 기막힌 신비입니다.

善行無轍迹. 善言無瑕謫. 善數不用籌策. 善閉無關楗而
不可開. 善結無繩約而不可解. 是以聖人常善救人, 故無
棄人. 常善救物. 故無棄物. 是謂襲明. 故善人者, 不善
人之師. 不善人者, 善人之資. 不貴其師, 不愛其資, 雖
智大迷. 是謂要妙.

A truly good traveler leaves neither track nor trace.
A truly good speaker has neither flaws nor blemishes in
speech.
A truly good counter uses neither tallies nor chips.
A truly well closed door needs neither bolt nor lock, and
yet it cannot be opened.
A truly well tied knot needs neither cord nor rope, and yet
it cannot be untied.

Therefore, the sages are always good at helping others, and
do not abandon any of them.
They are always good at saving resources, and do not
abandon any of them.
This is called "obtaining the inner light."

Therefore, the good persons are the teachers for the bad,
And the bad are the material for the good.
Those who do not value the teachers or cherish the
material,
Even though they may be learned, are greatly confused.
This is the essential mystery.

제28장

남성다움을 알면서 여성다움을

— 양극의 조화

남성다움을 알면서 여성다움을 유지하십시오.

세상의 협곡이 될 것입니다.

세상의 협곡이 되면,

영원한 덕에서 떠나지 않고,

갓난아기의 상태로 돌아가게 될 것입니다.

흰 것을 알면서 검은 것을 유지하십시오.

세상의 본보기가 될 것입니다.

세상의 본보기가 되면,

영원한 덕에서 어긋나지 않고,

무극無極의 상태로 돌아가게 될 것입니다.

영광을 알면서 오욕을 유지하십시오.
세상의 골짜기가 될 것입니다.
세상의 골짜기가 되면,
영원한 덕이 풍족하게 되고,
다듬지 않은 통나무 상태로 돌아가게 될 것입니다.

다듬지 않은 통나무를 쪼개면 그릇이 됩니다.
성인은 이를 사용하여 지도자가 됩니다.
정말로 훌륭한 지도자는 자르는 일을 하지 않습니다.

知其雄, 守其雌, 爲天下谿. 爲天下谿, 常德不離, 復歸於
嬰兒. 知其白, 守其黑, 爲天下式. 爲天下式, 常德不忒,
復歸於無極. 知其榮, 守其辱, 爲天下谷. 爲天下谷, 常德
乃足, 復歸於樸. 樸散則爲器. 聖人用之, 則爲官長, 故大

制不割.

Know the male and yet keep to the female.
You will become a ravine for the world.
When you become a ravine for the world,
You will never be apart from eternal virtue,
But return to the state of the infant.

Know the white and yet keep to the black.
You will become the model for the world.
When you become the model for the world,
You will never stray from eternal virtue,
But return to the state of the ultimateless(*wu chi*).

Know glory and yet keep humility.
You will become the valley of the world.
When you become the valley of the world,
You will be complete in eternal virtue,
And return to the state of the uncarved block.

When the uncarved block is cut up, it is turned into
    utensils.
When the sages use it, they become the leading officials.
Therefore the great rulers do not cut it up.

제29장

세상은 신령한 기물

— 외경畏敬의 자세

세상을 휘어잡고 그것을 위해 뭔가 해보겠다고 나서는
　사람들,
내가 보건대 필경 성공하지 못하고 맙니다.

세상은 신령한 기물,
거기다가 함부로 뭘 하겠다고 할 수 없습니다.
거기다가 함부로 뭘 하겠다고 하는 사람 그것을 망치고,
그것을 휘어잡으려는 사람 그것을 잃고 말 것입니다.

그러므로 만사는 [다양해서]

앞서가는 것이 있는가 하면 뒤따르는 것도 있고,

숨을 천천히 쉬는 것이 있는가 하면 빨리 쉬는 것도 있고,

강한 것이 있는가 하면 약한 것도 있고,

꺾이는 것이 있는가 하면 떨어지는 것도 있습니다.

따라서 성인은 너무함, 지나침, 극단 등을 피합니다.

將欲取天下而爲之, 吾見其下得已. 天下神器, 不可爲
也. 爲者敗之, 執者失之. 故物或行或隨, 或歔或吹, 或
强或羸, 或載或隳. 是以聖人去甚去奢去泰.

Do you wish to take over the world and act upon it?
I see that you will surely fail.

The world is a sacred vessel.

It is not something you can act upon.
If you try to act upon it, you will destroy it.
If you try to hold on to it, you will lose it.

Among creatures,
Some go forward, others follow behind;
Some blow hot, others blow cold;
Some are strong, others are meek;
Some rise up, others fall down.

Therefore, the sages avoid the extreme, the excessive, and
the extravagant.

제 30 장

군사가 주둔하던 곳엔 가시엉겅퀴가

— 전쟁의 비극

도道로써 군주를 보좌하는 사람은
무력을 써서 세상에 군림하는 일이 없도록 해야 합니다.
무력을 쓰면 반드시 그 대가가 돌아오게 마련이어서
군사가 주둔하던 곳엔 가시엉겅퀴가 자라나고,
큰 전쟁 뒤에는 반드시 흉년이 따르게 됩니다.
훌륭한 사람은 목적만 이룬 다음 그만둘 줄 알고,
감히 군림하려 하지 않습니다.

목적을 이뤘으되 자랑하지 않고,
목적을 이뤘으되 뽐내지 않고,

목적을 이뤘으되 교만하지 않습니다.
목적을 이뤘으되 할 수 없어서 한 일,
목적을 이뤘으되 군림하려 하지 않습니다.

무엇이나 기운이 지나치면 쇠하게 마련,
도가 아닌 까닭입니다.
도가 아닌 것은 얼마 가지 않아 끝장이 납니다.

以道佐人主者, 不以兵强天下. 其事好還. 師之所處, 荊
棘生焉, 大軍之後, 必有凶年. 善者果而已, 不敢以取强.
果而勿矜, 果而勿伐, 果而勿驕, 果而不得已, 果而勿强.
物壯則老, 是謂不道. 不道早已.

One who assists the ruler with the Tao

Does not try to dominate the world with force.
Such a course is likely to rebound on itself.
Wherever armies are stationed, briers and thorns grow.
After great wars, there always follow famines.
A good general, after fulfilling his purpose, stops,
And does not try to dominate the world.

He fulfills his purpose, but does not brag.
He fulfills his purpose, but does not boast.
He fulfills his purpose, but does not become proud.
He fulfills his purpose only because he has no choice.
He fulfills his purpose, but does not try to dominate.

That which reaches its prime quickly will begin to decline.
It is called "being against the Tao."
That which is against the Tao will come to an early end.

제31장

무기는 상서롭지 못한 것

— 무기여 안녕

훌륭하다는 무기는 상서롭지 못한 물건
사람이 모두 싫어합니다.
그러므로 도의 사람은 이런 것에 집착하지 않습니다.
군자가 평소에는 왼쪽을 귀히 여기고,
용병 때는 오른쪽을 귀히 여깁니다.

무기는 상서롭지 못한 물건,
군자가 쓸 것이 못 됩니다.
할 수 없이 써야 할 경우
조용함과 담담함을 으뜸으로 여기고

승리하더라도 이를 미화하지 않습니다.

이를 미화한다는 것은 살인을 즐거워하는 것입니다.

살인을 즐거워하는 사람은

결코 세상에서 큰 뜻을 펼 수 없습니다.

길한 일이 있을 때는 왼쪽을 높이고,

흉한 일이 있을 때는 오른쪽을 높입니다.

둘째로 높은 장군은 왼쪽에 위치하고,

제일 높은 장군은 오른쪽에 위치합니다.

이는 상례喪禮로 처리하는 까닭입니다.

많은 사람을 살상하였으면 이를 애도하는 것,

전쟁에서 승리하더라도 이를 상례로 처리해야 합니다.

夫佳兵者不祥之器, 物或惡之, 故有道者不處, 君子居則
貴左, 用兵則貴右. 兵者不祥之器, 非君子之器, 不得已
而用之, 恬淡爲上. 勝而不美, 而美之者, 是樂殺人. 夫樂

殺人者, 則不可得志於天下矣. 吉事尚左, 凶事尚右. 偏
將軍居左, 上將軍居右. 言以喪禮處之. 殺人之眾, 以哀
悲泣之, 戰勝以喪禮處之.

Fine weapons are instruments of bad omen.
They are things that people abhor.
That is why the people of the Tao avoid them.
The rulers, when at home, honor the left,
But when at war, honor the right.

Weapons are instruments of bad omen.
They are the things that rulers avoid.
When they use them out of necessity,
They value placidity and restraint.
Even if they gain victory,
They don't glorify it.
To glorify it means to delight in killing.
Those who delight in killing cannot realize their will in
    the world.

On auspicious occasions, the left is honored;
On inauspicious occasions, the right is honored.
The deputy general stands on the left;
The supreme general stands on the right.
So the arrangement is that of a funeral ceremony.
When many people are killed, there should be sorrow and
  grief.
Even a victory should be treated as a funeral ceremony.

제32장

다듬지 않은 통나무처럼

— 도의 소박성은 지도자의 귀감

'도'는 영원한 실재,

이름 붙일 수 없는 무엇.

다듬지 않은 통나무처럼 비록 보잘것없어 보이지만,

이를 다스릴 자 세상에 없습니다.

임금이나 제후가 이를 지킬 줄 알면,

모든 것이 저절로 순복할 것이요,

하늘과 땅이 서로 합하여 감로를 내릴 것이요,

명령하지 않아도 백성이 스스로 고르게 될 것입니다.

[다듬지 않은 통나무가] 마름질을 당하면

이름이 생깁니다.

이름이 생기면 멈출 줄도 알아야 합니다.

멈출 줄을 알면 위태롭지는 않습니다.

이를테면, 세상이 도道로 돌아감은

마치 개천과 계곡의 물이

강이나 바다로 흘러듦과 같습니다.

道常無名, 樸, 雖小, 天下莫能臣也. 侯王若能守之, 萬
物將自賓, 天地相合以降甘露, 民莫之令而自均. 始制有
名. 名亦旣有, 夫亦將知止, 知止可以不殆. 譬道之在天
下, 猶川谷之於江海.

The Tao is eternal and has no name.

Although it seems insignificant like an uncarved block,
No one in the world can make it subservient.
If kings and barons could hold on to it,
All things will submit of themselves;
Heaven and earth will join together to drip sweet dew;
And people will have equality without being commanded.

As soon as you cut up [the uncarved block],
There appear names;
As soon as there appear names,
You should know when to stop.
If you know when to stop,
You are free from danger.

All things in the world return to the Tao,
Just as valley streams flow into the river and the sea.

제33장

자기를 아는 것이 밝음

— 참 자아의 발견

남을 아는 것이 지혜智라면,
자기를 아는 것은 밝음明입니다.
남을 이김이 힘 있음有力이라면,
자기를 이김은 정말로 강함强입니다.

족하기를 아는 것이 부함富입니다.
강행하는 것이 뜻있음有志입니다.
제자리를 잃지 않음이 영원久입니다.
죽으나 멸망하지 않는 것이 수壽를 누리는 것입니다.

知人者智, 自知者明. 勝人者有力, 自勝者強. 知足者富, 強行者有志, 不失其所者久, 死而不亡者壽.

To know others is intelligence;
To know yourself is true enlightenment.
To master others is power;
To master yourself is true strength.

To be contented is wealth;
To act with vigor is willfulness;
Not to lose your place is endurance;
To die and yet not perish is longevity.

제34장

큰 도가 이쪽저쪽 어디에나

— 도의 '작음'과 '큼'

큰 도가 이쪽저쪽 어디에나 넘쳐 있음이여.

온갖 것 이에 의지하고 살아가더라도 이를 마다하지 않고,
일을 이루고도 자기 이름을 드러내려 하지 않습니다.
온갖 것 옷 입히고 먹이나 그 주인 노릇 하려 하지 않습
니다.

언제나 욕심이 없으니 이름하여 '작음'이라 하겠습니다.
온갖 것 다 모여드나 주인 노릇 하려 하지 않으니
이름하여 '큼'이라 하겠습니다.

그러므로 성인은 스스로 위대하다고 하지 않습니다.
그러기에 위대한 일을 이룰 수 있는 것입니다.

大道氾兮, 其可左右. 萬物恃之而生而不辭. 功成不名
有, 衣養萬物而不爲主. 常無欲, 可名於小, 萬物歸焉而
不爲主, 可名爲大. 以其終不自爲大, 故能成其大.

The great Tao flows left and right.

All things depend on it to live, but it does not reject them.
It completes its task, but it does not seek fame for it.
It clothes and feeds all things, but it does not rule over
    them.

It is always without desire, and it can be called the Small;
Although all things return to it, it does not rule over them,

And it can be called the Great.

Therefore, in the end [the sages] never claim greatness,
And that is why they can achieve greatness.

제35장

도에 대한 말은 담박하여 별맛이

— 진리의 단순성

위대한 형상을 굳게 잡으십시오.

세상이 모두 그대에게 모여들 것입니다.

그대에게 모여들어 해받음이 없을 것입니다.

오직 안온함과 평온함과 평화만이 깃들 것입니다.

음악이나 별미로는 지나는 사람 잠시 머물게 할 수 있으나

도에 대한 말은 담박淡泊하여 별맛이 없습니다.

[도는] 보아도 보이지 않고,

들어도 들리지 않지만,

써도 다함이 없습니다.

執大象, 天下往, 往而不害, 安平太. 樂與餌, 過客止, 道
之出口, 淡乎其無味, 視之不足見, 聽之不足聞, 用之不
足旣.

Hold fast the great image;
The whole world will come to you.
They come but will suffer no harm,
But rather enjoy great security, comfort, and peace.

Music and good food can make passersby stop,
But the words about the Tao are insipid and flavorless.

Even though you look at [the Tao], it is invisible.
Even though you listen to it, it is inaudible.
Even though you use it, it is inexhaustible.

제36장

오므리려면 일단 펴야

— 변증법적 변화 과정

오므리려면 일단 펴야 합니다.
약하게 하려면 일단 강하게 해야 합니다.
폐하게 하려면 일단 흥하게 해야 합니다.
빼앗으려면 일단 줘야 합니다.
이것을 일러 '미묘한 밝음微明'이라 합니다.

부드럽고 약한 것이 굳세고 강한 것을 이깁니다.
물고기가 연못에서 나와서는 안 됨같이
나라의 날카로운 무기도 사람들에게 보여서는 안 됩니다.

將欲歙之, 必固張之. 將欲弱之, 必固强之. 將欲廢之,
必固興之. 將欲奪之, 必固與之. 是謂微明. 柔弱勝剛强.
魚不可脫於淵, 國之利器不可以示人.

You must expand it before you can shrink it.
You must strengthen it before you can weaken it.
You must promote it before you can destroy it.
You must give something to it before you can seize that
   from it.
This is called the Subtle Light.

The soft and weak overcome the hard and strong.
Just as fish must not be taken out of water,
The sharp weapons of the state must not be displayed to
   the people.

제37장

하지 않으나 안 된 것이 없다

— 무위無爲의 역동성

도는 언제든지 [억지로] 일을 하지 않습니다.
그러나 안 된 것이 없습니다.
임금이나 제후가 이를 지키면,
온갖 것 저절로 달라집니다.
저절로 달라지는데도
무슨 일을 하려는 욕심이 생기면,
이름 없는 통나무로 이를 누릅니다.
이름 없는 통나무는 욕심을 없애줍니다.
욕심이 없으면 고요가 찾아들고
온 누리에 저절로 평화가 깃들 것입니다.

道常無爲而無不爲, 侯王若能守之, 萬物將自化. 化而欲
作, 吾將鎭之以無名之樸. 無名之樸, 夫亦將不欲, 不欲
以靜, 天下將自定.

Tao takes no [arbitrary] action.
And nothing is left undone.
If kings and barons keep it,
All things would be transformed by themselves.
If, after having been transformed, they desire to be active,
I would subdue them with the uncarved block of no
    name.
The uncarved block of no name will get rid of desire.
If you do not have desire, you will be quiet,
And the whole world will become peaceful on its own.

제38장

훌륭한 덕의 사람은

— 덕을 논함

훌륭한 덕德의 사람은 자기의 덕을 의식하지 않습니다.
그러기에 정말로 덕이 있는 사람입니다.
훌륭하지 못한 덕의 사람은 자기의 덕을 의식합니다.
그러기에 정말로 덕이 없는 사람입니다.

훌륭한 덕의 사람은 억지로 일을 하지 않습니다.
억지로 일을 할 까닭이 없습니다.
훌륭하지 못한 덕의 사람은 억지로 일을 합니다.
억지로 일을 할 까닭이 많습니다.
훌륭한 인仁의 사람은 억지로 일은 합니다.

그러나 억지로 일을 할 까닭은 없습니다.

훌륭한 의義의 사람은 억지로 일을 합니다.

억지로 일을 할 까닭이 많습니다.

훌륭한 예禮의 사람은 억지로 일을 합니다.

그러나 아무도 응하지 않기에, 소매를 걷고 남에게 강요
합니다.

도가 없어지면 덕이 나타나고, 덕이 없어지면 인이 나타
나고,

인이 없어지면 의가 나타나고, 의가 없어지면 예가 나타
납니다.

예는 충성과 신의의 얄팍한 껍질, 혼란의 시작입니다.

앞을 내다보는 것은 도의 꽃, 어리석음의 시작입니다.

그러므로 성숙한 사람大丈夫은 두꺼운 데 머무르고,

얄팍한 데 거하지 않습니다.

열매에 머무르고, 꽃에 거하지 않습니다.

후자는 버리고 전자를 택합니다.

上德不德, 是以有德, 下德不失德, 是以無德. 上德無爲
而無以爲, 下德爲之而有以爲. 上仁爲之而無以爲, 上義
爲之而有以爲, 上禮爲之而莫之應, 則攘臂而扔之. 故失
道而後德, 失德而後仁, 失仁而後義, 失義而後禮. 夫禮
者忠信之薄, 而亂之首, 前識者, 道之華, 而愚之始. 是以
大丈夫處其厚, 不居其薄, 處其實, 不居其華, 故去彼取
此.

The person of superior virtue is not aware of his/her
    virtue.
That is why that person is truly virtuous.
The person of inferior virtue is aware of his/her virtue.
That is why that person is not truly virtuous.

The person of superior virtue does not take action;
That person has no reason to take action.
The person of inferior virtue takes action;
That person has reasons to take action.
The person of superior humanity takes action;
That person has no reason to take action.
The person of superior righteousness takes action;
That person has reasons to take action.
The person of superior propriety takes action;
When people do not respond,
That person rolls up his/her sleeves and uses coercion.

When the Tao is lost, there appears propriety.
When virtue is lost, there appears humanity.
When humanity is lost, there appears righteousness.
When righteousness is lost, there appears propriety.
Now, propriety is the husk of loyalty and faithfulness, and
   the beginning of disorder.
Foreknowledge is the flower of the Tao, but the beginning
   of ignorance.

Therefore, the mature people dwell in the thick, not in the
   thin.
They reside in the fruit, not in the flower.

They reject the one and accept the other.

제39장

예부터 '하나'를 얻은 것들이

— 하나의 힘

예부터 '하나'를 얻은 것들이 있습니다.

하늘은 하나를 얻어 맑고,

땅은 하나를 얻어 편안하고,

신은 하나를 얻어 영묘하고,

골짜기는 하나를 얻어 가득하고,

온갖 것 하나를 얻어 자라나고,

왕과 제후는 하나를 얻어 세상의 어른이 되고

이 모두가 다 하나의 덕입니다.

하늘은 그것을 맑게 하는 것 없으면 갈라질 것이고,

땅은 그것을 편안하게 하는 것 없으면 흔들릴 것이고,

신은 그것을 영묘하게 하는 것 없으면 시들 것이고,

골짜기는 그것을 가득하게 하는 것 없으면 마를 것이고,

온갖 것 그것을 자라게 하는 것 없으면 없어져 버릴 것이고,

왕과 제후는 그들을 어른 되게 하는 것 없으면 넘어질 것
   입니다.

그러므로 귀한 것은 천한 것을 근본으로 하고,

높은 것은 낮은 것을 바탕으로 합니다.

이런 까닭으로 왕과 제후는 스스로를 '고아 같은 사람',
   '짝 잃은 사람', '보잘것없는 사람'이라 부릅니다.

이것이 바로 천한 것을 근본으로 삼는 것 아니겠습니까?

지극히 영예로운 것은 영예로움이 아닙니다.

구슬처럼 영롱한 소리를 내려 하지 말고,

돌처럼 담담한 소리를 내십시오.

昔之得一者, 天得一以清, 地得一以寧, 神得一以靈, 谷
得一以盈, 萬物得一以生, 侯王得一以爲天下貞. 其致之
一也, 天無以清, 將恐裂, 地無以寧, 將恐發, 神無以靈,
將恐歇, 谷無以盈, 將恐竭, 萬物無以生, 將恐滅, 侯王
無以貴高, 將恐蹶. 故貴以賤爲本, 高以下爲基. 是以侯
王自謂孤, 寡, 不穀, 此非以賤爲本邪, 非乎. 故致數輿
無輿. 不欲琭琭如玉, 珞珞如石.

Of old those that attained the One:
Heaven attained the One and became clear;
Earth attained the One and became stable;
Spirits attained the One and became divine;
Valleys attained the One and became full;
All things attained the One and came into existence;
Kings and barons attained the One and became rulers of
the world.

All because they attained the One.

Heaven would crack without that which made it clear;
Earth would shake without that which made it stable;
Spirits would wither away without that which made them
    divine;
Valleys would be exhausted without that which made
    them full;
All things would be extinct without that which made them
    existent;
Kings and barons would fall without that which made
    them rulers of the world.

Therefore, the noble take humility as their basis;
The high take modesty as their foundation.
For this reason, kings and barons call themselves
    "orphaned", "widowed" or "unworthy."
Is this not taking humility as their basis?

Therefore, too much honor means no honor.
Don't try to jingle like jade,
But rumble like stones.

제40장

되돌아감이 도의 움직임

— 순환 원리의 보편성

되돌아감이 도의 움직임입니다.
약함이 도의 쓰임새입니다.

온 세상 모든 것 '있음有'에서 생겨나고,
있음은 '없음無'에서 생겨났습니다.

反者道之動. 弱者道之用. 天下萬物生於有, 有生於無.

Returning is the movement of the Tao;
Weakness is the usage of the Tao.

All the things in the world are born of being;
Being is born of non-being.

제 41 장

웃음거리가 되지 않으면 도라고 할 수가

— 진리의 역설성

뛰어난 사람은 도에 대해 들으면 힘써 행하려 하고,

어중간한 사람은 도에 대해 들으면 이런가 저런가 망설
    이고,

못난 사람은 도에 대해 들으면 크게 웃습니다.

웃음거리가 되지 않으면 도라고 할 수가 없습니다.

그러므로 예부터 내려오는 말에 이르기를

"밝은 도는 어두운 것같이 보이고,

앞으로 나아가는 도는 뒤로 물러가는 것같이 보이고,

평탄한 도는 울퉁불퉁한 것같이 보이고,

제일가는 덕은 골짜기같이 보이고,

희디흰 것은 더러운 것같이 보이고,

넓은 덕은 모자라는 것같이 보이고,

굳은 덕은 보잘것없는 것같이 보이고,

참된 실재는 변하는 것같이 보이고,

큰 모퉁이에는 모퉁이가 없고,

큰 그릇은 더디 이루어지고,

큰 소리는 거의 들리지 않고,

큰 모양에는 형체가 없다"고 했습니다.

도는 숨어 있어서 이름도 없는 것,

그러나 도만이 온갖 것을 훌륭히 가꾸고 완성시켜 줍니다.

上士聞道, 勤而行之, 中士聞道, 若存若亡, 下士聞道,
大笑之, 不笑, 不足以爲道. 故建言有之; 明道若昧, 進道
若退, 夷道若纇. 上德若谷, 大白若辱, 廣德若不足, 建德

若偸, 質眞若渝, 大方無隅, 大器晚成, 大音希聲, 大象無形. 道隱無名, 夫唯道善貸且成.

When the highest type of people hear the Tao,
They try to practice it diligently.
When the average type of people hear the Tao,
They hesitate between accepting it and rejecting it.
When the lowest type of people hear the Tao,
They laugh at it heartily.
If they didn't laugh at it, it would not be the Tao.

Therefore, there is an old saying:
"The bright Tao appears dark,
The advancing Tao appears to retreat.
The level Tao appears bumpy.
Supreme virtue appears like a valley.
Extreme purity appears polluted.
Expansive virtue appears insufficient.
Solid virtue appears unsteady.
True substance appears changeable.

A great square appears to have no corners.
A great vessel is slow to be completed.
A great voice sounds faint.
A great image has no form."

The Tao is hidden and nameless.
Yet the Tao alone is good in providing for all and fulfilling
them.

도가 '하나'를 낳고

— 도가적 코스몰로지cosmology

도가 '하나'를 낳고,
'하나'가 '둘'을 낳고,
'둘'이 '셋'을 낳고,
'셋'이 만물을 낳습니다.
만물은 '음'을 등에 업고,
'양'을 가슴에 안았습니다.
'기'가 서로 합하여 조화를 이룹니다.

사람들은 '고아 같은 사람', '짝 잃은 사람',
'보잘것없는 사람' 되기를 싫어하지만

이것은 임금이나 공작이 자기를 가리키는 이름입니다.

그러므로 잃음으로 얻기도 하고,

얻음으로 잃는 일도 있습니다.

사람들이 가르치는 것 나도 가르칩니다.

강포한 자 제명에 죽지 못한다고 합니다.

나도 이것을 나의 가르침의 으뜸으로 삼으려 합니다.

道生一, 一生二, 二生三, 三生萬物. 萬物負陰而抱陽,
沖氣以爲和. 人之所惡, 唯孤寡不穀, 而王公以爲稱. 故
物或損之而益, 或益之而損. 人之所教, 我亦教之. 强梁
者不得其死. 吾將以爲教父.

The Tao gives birth to the one,

The one gives birth to the two,
The two gives birth to the three,
The three gives birth to all things.
All things carry *yin* on their backs and embrace *yang* in
    their bosoms.
Through blending the *ch'i*, they achieve harmony.

People hate to be orphaned, widowed, or unworthy.
Yet kings and barons call themselves by these names.
Therefore, some may gain by losing and some lose by
    gaining.

What others teach, I also teach:
"The strong and violent do not die a natural death."
I will take this as the main theme of my teaching.

제43장

그지없이 부드러운 것이

— 부드러움이 머금고 있는 힘

세상에서 그지없이 부드러운 것이
세상에서 더할 수 없이 단단한 것을 이깁니다.
'없음無有'만이 틈이 없는 곳에도 들어갈 수 있습니다.

그러기에 나는 '함이 없음無爲'의 유익을 압니다.
말없는 가르침, '함이 없음'의 유익에 미칠 만한 것이
세상에 드뭅니다.

天下之至柔, 馳騁天下之至堅, 無有入無間. 吾是以知無
爲之有益. 不言之教, 無爲之益, 天下希及之.

The softest thing in the world overcomes the hardest thing
 in the world.
Non-being alone penetrates that which has no crevice.

Thereby, I know the benefit of taking no action.
The teaching without words and the benefit of taking no
 action—
Few in the world can match these.

제44장

명성과 내 몸, 어느 것이 더 귀한가?

— 우선순위의 확인

명성과 내 몸, 어느 것이 더 귀합니까?

내 몸과 재산, 어느 것이 더 중합니까?

얻음과 잃음, 어느 것이 더 큰 관심거리입니까?

그러므로 [무엇이나] 지나치게 좋아하면 그만큼 낭비가
　크고,

너무 많이 쌓아두면 그만큼 크게 잃게 됩니다.

만족할 줄 아는 사람은 부끄러움을 당하지 않고,

[적당할 때] 그칠 줄 아는 사람은 위태로움을 당하지 않
　습니다.

그리하여 영원한 삶을 살게 되는 것입니다.

名與身孰親. 身與貨孰多. 得與亡孰病. 是故甚愛必大費, 多藏必厚亡. 知足不辱, 知止不殆, 可以長久.

My fame or my body, which is more important?
My body or my property, which is dearer?
Gain or loss, which is of greater concern?

Thus lavish love entails great costs,
Excessive hoarding entails great losses.
Know contentment, and you will be free from disgrace;
Know when to stop, and you will be free from danger.
This is how you can enjoy an enduring life.

제45장

완전히 이루어진 것은 모자란 듯

— 고졸古拙의 멋

완전히 이루어진 것은 모자란 듯합니다.

그러나 그 쓰임에는 다함이 없습니다.

완전히 가득 찬 것은 빈 듯합니다.

그러나 그 쓰임에는 끝이 없습니다.

완전히 곧은 것은 굽은 듯합니다.

완전한 솜씨는 서툴게古拙 보입니다.

완전한 웅변은 눌변으로 보입니다.

조급함은 추위를 이기고,

고요함은 더움을 이깁니다.
맑고 고요함, 이것이 세상의 표준입니다.

大成若缺, 其用不弊. 大盈若沖, 其用不窮. 大直若屈,
大巧若拙, 大辯若訥. 躁勝寒, 靜勝熱. 清靜爲天下正.

Perfection seems defective;
Yet its usefulness is inexhaustible.
Fullness seems empty;
Yet its usefulness is endless.

True straightness seems crooked;
Great skill seems clumsy;
Real eloquence seems inarticulate.

Hasty movement overcomes cold;

Tranquility overcomes heat.

Clear and tranquil—this is the right way for the world to go.

제46장

족할 줄 모르는 것

― 부지족不知足의 위험

세상이 도를 따르면,

달리는 말이 그 거름으로 땅을 비옥하게 합니다.

세상이 도를 저버리면,

전쟁에 끌려간 말이 성 밖에서 새끼를 치게 됩니다.

화禍로 말하면 족할 줄 모르는 것不知足보다 더 큰 것이 없고,

허물로 치면 갖고자 하는 욕심보다 더 큰 것이 없습니다.

그러므로 족할 줄 아는 데서 얻는 만족감만이

영원한 만족감입니다.

天下有道, 却走馬以糞. 天下無道, 戎馬生於郊. 禍莫大
於不知足, 咎莫大於欲得. 故知足之足, 常足矣.

When the world follows the Tao,
The galloping horses fertilize the fields.
When the world betrays the Tao,
The warhorses breed in the suburbs.

No calamity is greater than not knowing contentment.
No guilt is greater than the lavish desire to attain.
Therefore, the contentment that comes from knowing
    contentment is eternal contentment.

제47장

문밖에 나가지 않고도 천하를 알고

— 내면적 성찰

문밖에 나가지 않고도 천하를 다 알고,
창으로 내다보지 않고도 하늘의 도를 볼 수 있습니다.
멀리 나가면 나갈수록 그만큼 덜 알게 됩니다.

그러므로 성인은 돌아다니지 않고도 알고,
보지 않고도 훤하고,
억지로 하는 일 없이도 모든 것을 이룹니다.

不出戶, 知天下. 不闚牖, 見天道. 其出彌遠, 其知彌少.
是以聖人不行而知, 不見而名, 不爲而成.

Without going out of doors, you may know the entire
   world.
Without looking through the windows, you may see the
   Tao.
The farther you go, the less you know.

Therefore, the sages know without walking around,
Understand without seeing,
And accomplish without action.

제 48 장

도의 길은 하루하루 없애가는 것

— 일손日損의 길, 부정의 길via negativa

학문의 길은 하루하루 쌓아가는 것.

도의 길은 하루하루 없애가는 것.

없애고 또 없애

함이 없는 지경無爲에 이르십시오.

함이 없는 지경에 이르면

되지 않는 일이 없습니다.

세상을 다스리는 것은

억지 일 꾸미지 않을 때만 가능합니다.

아직도 억지 일을 꾸미면

세상을 다스리기엔 족하지 못합니다.

爲學日益, 爲道日損. 損之又損, 以至於無爲, 無爲而無
不爲. 取天下常以無事, 及其有事, 不足以取天下.

The pursuit of learning is to increase day after day.

The pursuit of the Tao is to decrease day after day.

Decrease and further decrease until you reach the point of
no action.

Once you reach the point of no action, nothing is left
undone.

You can bring the world to order only through taking no
action.

If you nevertheless try to take action, you are not qualified
to bring the world to order.

제49장

성인에겐 고정된 마음이 없다

— 이분법적 경직성 극복

성인에겐 고정된 마음이 없습니다.
백성의 마음을 자기 마음으로 삼습니다.

선한 사람에게 나도 선으로 대하지만,
선하지 않은 사람에게도 선으로 대합니다.
그리하여 선이 이루어집니다.
신의 있는 사람에게 나도 신의로 대하지만,
신의 없는 사람에게도 신의로 대합니다.
그리하여 신의가 이루어집니다.

성인은 세상에 임할 때 모든 것을 포용하고,
그의 마음에는 일체의 분별심이 없습니다.
[사람은 모두 이목을 집중하여 분별심을 일으키는데]
성인은 그들을 모두 아이처럼 되게 합니다.

聖人無常心, 以百姓心爲心. 善者吾善之, 不善者吾亦善
之, 德善. 信者吾信之, 不信者吾亦信之, 德信. 聖人在
天下歙歙焉, 爲天下渾其心焉. [百姓皆注其耳目,] 聖人
皆孩之.

The sages have no fixed mind of their own.
They regard the minds of the people as their mind.

I treat those people who are good with goodness;
I also treat those people who are not good with goodness.

This is the way to attain goodness.
I am sincere to those who are sincere;
I am also sincere to those who are not sincere.
This is the way to attain sincerity.

The sages, when dealing with the world, are all-embracing.
They mingle their minds, without discrimination, with
    the mind of the whole world.
[While the people lift up their eyes and ears for
    discrimination,]
The sages treat them all as infants.

제50장

그에게는 죽음의 자리가 없기에

— 생사에 초연한 삶

태어남을 삶이라 하고 들어감을 죽음이라 한다면

삶의 길을 택하는 사람이 십분의 삼 정도요,

죽음의 길을 택하는 사람이 십분의 삼 정도요,

태어나서 죽음의 자리로 가는 사람도 십분의 삼 정도입

　　니다.

왜 그러합니까?

모두 삶에 너무 집착하기 때문입니다.

듣건대 섭생을 잘하는 사람은

육지에서 외뿔 난 들소나 범을 만나지 않고,

전쟁터에서 무기의 상해를 입지 않는다고 합니다.

들소는 그 뿔로 받을 곳이 없고,

범은 그 발톱으로 할퀼 곳이 없고,

무기는 파고들 곳이 없다고 합니다.

왜 그러합니까?

그에게는 죽음의 자리가 없기 때문입니다.

出生入死, 生之徒十有三, 死之徒十有三. 人之生, 動之
死地者, 亦十有三. 夫何故, 以其生生之厚. 蓋聞, 善攝
生者, 陸行不遇兕虎, 入軍不被甲兵. 兕無所投其角, 虎
無所措其爪, 兵無所用其刃. 夫何故, 以其無死地.

[Among people] who are coming forth into life and
    entering into death,
Three out of ten are companions of life;

Three out ten are companions of death;
And three out ten are those who are living but moving
    towards death.
Why?
Because they all cling too much to life.

I have heard that a person who is good at nourishing his
    or her life
Does not meet tigers or rhinoceroses while walking on
    land
And is not hurt by weapons when fighting in battle.
The rhinoceros has no place to butt its horn;
The tiger has no place to fasten its claws;
The weapon has no place to enter its blade.
Why?
Because in such a person there is no room for death.

제51장

덕은 모든 것을 기르고

— 그윽한 덕玄德의 작용

도道는 모든 것을 낳고,

덕德은 모든 것을 기르고,

물物은 모든 것을 꼴 지우고,

세勢는 모든 것을 완성시킵니다.

그러기에 모든 것은 도를 존중하고,

덕을 귀하게 여기지 않을 수 없습니다.

도를 존중하고 덕을 귀하게 여기는 것은

명령 때문이 아니라 저절로 그렇게 되는 것입니다.

그러므로 도가 모든 것을 낳고,

덕이 모든 것을 기르고, 자라게 하고,

양육하고, 감싸주고, 실하게 하고, 먹여주고, 덮어줍니다.

낳으나 가지려 하지 않고,

이루나 거기에 기대려 하지 않고,

기르나 지배하려 하지 않습니다.

이를 일컬어 그윽한 덕이라 합니다.

道生之, 德畜之, 物形之, 勢成之. 是以萬物莫不尊道而
貴德. 道之尊, 德之貴, 夫莫之命而常自然. 故道生之,
德畜之, 長之, 育之, 亭之, 毒之, 養之, 覆之. 生而不有,
爲而不恃, 長而不宰, 是謂玄德.

The Tao gives birth to them;
Virtue nourishes them;
Matter gives them form;

Circumstances complete them.
Therefore, all things venerate the Tao and honor virtue.
Not because they are thus ordered; they just do so
  spontaneously.

Therefore, the Tao gives birth to them;
Virtue nourishes, grows, nurtures, shelters, ripens, feeds,
  and buries them.
It gives birth to them without trying to possess them;
It completes them without trying to rely on them;
It leads them without trying to control them.
This is called mysterious virtue.

제52장

어머니를 알면 자식을 알 수 있다

— 근원을 아는 것이 영원을 배우는 것

세상만사에는 시작이 있는데,

그것은 세상의 어머니입니다.

어머니를 알면,

그 자식을 알 수 있습니다.

그 자식을 알고, 그러고도 그 어머니를 받들면,

몸이 다하는 날까지 위태로울 것이 없습니다.

입을 다무십시오.

문을 꽉 닫으십시오.

평생토록 애쓰는 일이 없을 것입니다.

입을 여십시오.

일을 벌여놓으십시오.

평생토록 헤어날 길이 없을 것입니다.

작은 것을 보는 것이 밝음[明]입니다.

부드러움을 받드는 것이 강함[强]입니다.

빛을 쓰십시오.

그러나 밝음으로 돌아가십시오.

몸을 망치는 일이 없을 것입니다.

이를 일러 '영원을 배워 익힘'이라 합니다.

天下有始, 以爲天下母. 旣得其母, 以知其子, 旣知其子,
復守其母, 沒身不殆. 塞其兌, 閉其門, 終身不勤. 開其
兌, 濟其事, 終身不救. 見小曰明, 守柔曰强. 用其光, 復
歸其明, 無遺身殃. 是謂襲常.

All things in the world have a beginning;
It is the mother of the world.
If you know the mother,
You will know her children.
If you know her children and still go back to abide with
    her,
You will be free from danger throughout your life.

Shut the mouth;
Close the doors;
You will live without suffering all through your life.
Open the mouth;
Meddle with affairs;
You will live without salvation all through your life.

To see what is small is illumination;
To abide by softness is strength.

Use the light;
Return to illumination.
You will not leave your life to peril.

This is called "practicing the eternal."

제53장

이것이 도둑 아니고 무엇?

— 곁길 감의 폐해

내게 겨자씨만 한 앎이 있다면,

대도大道의 길을 걸으며,

이에서 벗어날까 두려워하리이다.

대도의 길이 그지없이 평탄하나

사람들 곁길만 좋아합니다.

조정은 화려하나

밭에는 잡초가 무성하여,

곳간이 텅 비었습니다.

그런데도 [한쪽에서는] 비단옷 걸쳐 입고,

날카로운 칼을 차고,

음식에 물릴 지경이 되고,

재산은 쓰고도 남으니,

이것이 도둑 아니고 무엇입니까?

정말로 도가 아닙니다.

使我介然有知, 行於大道, 唯施是畏. 大道甚夷, 而民好
徑. 朝甚除, 田甚蕪, 倉甚虛, 服文綵, 帶利劍, 厭飮食,
財貨有餘, 是爲盜夸. 非道也哉.

If I have a little knowledge,
I should walk on the great Tao,
Fearing whether I am going astray.
The great Tao is extremely flat and easy,
But people like only bypaths.

The court is extremely neat,
While the fields are full of weeds
And the granaries are all empty.
Wearing embroidered and colored clothes,
Carrying sharp swords,
Gorging themselves with food and drink,
Possessing wealth in excess,
Is this not robbery?
This is surely not the Tao(way).

제54장

대대로 제사를 그치지 않는다

— 바른 길 감의 보람

[도에] 굳건히 선 사람은 뽑히지 않고,

[도를] 확실히 품은 사람은 떨어져나가지 않습니다.

그 자손은 대대로 제사를 그치지 않을 것입니다.

[도를] 자신에게 실천하면 그 덕이 참될 것이고,

가정에서 실천하면 그 덕이 넉넉하게 될 것이고,

마을에서 실천하면 그 덕이 자라날 것이고,

나라에서 실천하면 그 덕이 풍성해질 것이고,

세상에서 실천하면 그 덕이 두루 퍼질 것입니다.

그러므로 자신으로 자신을 보고,

가정으로 가정을 보고,

마을로 마을을 보고,

나라로 나라를 보고,

세상으로 세상을 보십시오.

내가 세상이 이러함을 어떻게 알 수 있겠습니까?

이를 통해서입니다.

✤

善建者不拔, 善抱者不脫. 子孫以祭祀不輟. 修之於身,
其德乃眞, 修之於家, 其德乃餘, 修之於鄕, 其德乃長,
修之於國, 其德乃豊, 修之於天下, 其德乃普. 故以身觀
身, 以家觀家, 以鄕觀鄕, 以國觀國, 以天下觀天下. 吾
何以知天下然哉, 以此.

Those who are firmly established [in the Tao] cannot be
  uprooted.
Those who firmly embrace [the Tao] cannot be separated
  from it.
Their sons and grandsons will not suspend their ancestral
  sacrifices.

If you follow [the Tao] in yourself, your virtue will be
  genuine.
If you follow it in your family, the virtue in your family
  will be overflowing.
If you follow it in your village, the virtue in your village
  will be long-lasting.
If you follow it in your country, the virtue in your country
  will be abundant.
If you follow it in the whole world, the virtue in the world
  will be widespread.

Therefore, observe the person by a person,
Observe the family by a family,
Observe the village by a village,

Observe the country by a country,
Observe the world by the world.

How do I know this to be the case in the world?
By this.

제55장

덕을 두터이 지닌 사람은

— 갓난아이 같은 삶

덕을 두터이 지닌 사람은 갓난아이와 같습니다.
독 있는 벌레나 뱀이 쏘지도 못하고,
사나운 짐승이 덤벼들지도 못하고,
무서운 날짐승이 후려치지도 못합니다.

그 뼈도 약하고,
그 힘줄도 부드러우나
그 잡는 힘은 단단합니다.
아직 남녀의 교합을 알지 못하나
음경도 일어서고, 정기도 지극합니다.

하루 종일 울어도 목이 쉬지 않습니다.
이것이 완전한 조화입니다.

조화를 아는 것이 영원입니다.
영원을 아는 것이 밝음입니다.
수명을 더하려 하는 것은 불길한 일이요,
마음으로 기를 부리려 하는 것은 강포입니다.
무엇이나 기운이 지나치면 쇠하게 마련,
도가 아닌 까닭입니다.
도가 아닌 것은 얼마 가지 않아 끝장이 납니다.

含德之厚, 比於赤子. 蜂蠆虺蛇不螫, 猛獸不據, 攫鳥不
搏. 骨弱筋柔而握固, 未知牝牡之合而全作, 精之至也.
終日號而不嗄, 和之至也. 知和曰常, 知常曰明. 益生曰
祥, 心使氣曰强. 物壯則老, 是謂不道. 不道早已.

Those who embrace virtue in abundance are like newborn
   babies.
Poisonous insects or snakes will not sting or bite them.
Fierce beasts will not attack them.
Birds of prey will not seize them.

Their bones are weak, their sinews soft,
Yet their grip is firm.
They do not yet know the union of male and female,
But their organs are aroused and their essence is at their
   peak.
They may cry all day long, but they do not become hoarse.
Such is the perfection of harmony.

To know harmony is to be in accord with the eternal.
To know to be in accord with the everlasting is
   illumination.
To try to extend one's life-span is inauspicious;
To try to manipulate one's vital force with mind is
   unreasonable.
When things reach their climax, they will wane.

Because they are not following the Way.
If not following the Way, they will come to the early end.

제56장

아는 사람은 말하지 않고

— 언어의 한계

아는 사람은 말하지 않고,
말하는 사람은 알지 못합니다.

입을 다물고, 문을 꽉 닫습니다.
날카로운 것을 무디게 하고,
얽힌 것을 풀어주고,
빛을 부드럽게 하고,
티끌과 하나가 됩니다.
이것이 '신비스러운 하나 됨玄同'입니다.

그러므로 [도를 터득한 사람은]

가까이할 수도 없고,

멀리할 수도 없습니다.

이롭게 할 수도 없고,

해롭게 할 수도 없습니다.

귀하게 할 수도 없고,

천하게 할 수도 없습니다.

그러기에 세상이 이를 귀히 여깁니다.

知者不言, 言者不知. 塞其兌, 閉其門, 挫其銳, 解其紛,
和其光, 同其塵, 是謂玄同. 故不可得而親, 不可得而疏,
不可得而利, 不可得而害, 不可得而貴, 不可得而賤. 故
爲天下貴.

Those who know do not speak;
Those who speak do not know.

Shut the mouth,
Close the doors,
Blunt the sharpness,
Unravel the entanglement,
Soften the brightness,
Mingle with the dust.
This is called mystical oneness.

Therefore, neither can you get close to [those who have
 attained the Tao],
Nor can you keep distant from them.
Neither can you benefit them,
Nor can you harm them.
Neither can you honor them,
Nor can you humiliate them.
This is why they are honored by the world.

제 57장

백성이 저절로 통나무가 되다

— 억지로 함이 없는 정치

나라를 다스릴 때는 올바름이 필요합니다.

전쟁에 임할 때는 임기응변이 있어야 합니다.

그러나 세상을 얻기 위해서는 '함이 없음無事'을 실천하십
· 시오.

이렇게 해야 할 까닭을 내가 어떻게 알리까?

다음과 같은 사실 때문입니다.

세상에 금하고 가리는 것이 많을수록

사람이 더욱 가난해지고,

사람 사이에 날카로운 무기가 많을수록

나라가 더욱 혼미해지고,

사람 사이에 잔꾀가 많을수록

괴상한 물건이 더욱 많아지고,

법이나 명령이 요란할수록

도둑이 더욱 많아집니다.

그러므로 성인이 말씀하셨습니다.

"내가 억지로 일을 하지 않으므로 백성이 저절로 바뀌고,

내가 고요를 좋아하므로 백성이 저절로 바르게 되고,

내가 일을 꾸미지 않으므로 백성이 저절로 부하게 되고,

내가 욕심을 내지 않으므로 백성이 저절로 통나무가 되

도다."

以正治國, 以奇用兵, 以無事取天下. 吾何以知其然哉.
以此. 天下多忌諱, 而民彌貧, 民多利器, 國家滋昏, 人
多技巧, 奇物滋起, 法令滋彰, 盜賊多有. 故聖人云, 我

無爲而民自化, 我好靜而民自正, 我無事而民自富, 我無
欲而民自樸.

To govern the state, you need correctness.
To conduct warfare, you need surprise tactics.
But to gain the world, you need no-action.
How do I know this to be the case?
Through this:

The more taboos and prohibitions there are in the world,
    the poorer the people will be.
The more sharp weapons they have, the more chaotic the
    state will be.
The more cunning skills they have, the more often
    abnormal things will occur.
The more law and order is made prominent, the more
    thieves and robbers there will be.

Therefore, the sage says:
I take no action, and the people transform themselves;

I am fond of stillness, and the people correct themselves;
I do not interfere in affairs, and the people enrich
   themselves;
I have no desire, and the people become simple like an
   uncarved block by themselves.

제58장

화라고 생각되는 데서 복이 나오고

— 새옹지마塞翁之馬

정치가 맹맹하면 백성이 순박해지고,
정치가 똑똑하면 백성이 못되게 됩니다.

화禍라고 생각되는 데서 복福이 나오고
복이라고 생각되는 데 화가 숨어 있습니다.
누가 그 끝을 알 수 있겠습니까?

언제나 옳은 것은 없습니다.
올바름이 변하여 이상스러운 것이 되고,
선한 것이 변하여 사악한 것이 됩니다.

사람이 미혹되어도 실로 한참입니다.

그러므로 성인은 모가 있으나 다치게 하지는 않고,
예리하나 잘라내지는 않고,
곧으나 너무 뻗지는 않고,
빛나나 눈부시게 하지는 않습니다.

其政悶悶, 其民淳淳. 其政察察, 其民缺缺. 禍兮福之所
倚, 福兮禍之所伏. 孰知其極. 其無正, 正復爲奇, 善復爲
妖. 人之迷, 其日固久. 是以聖人方而不割, 廉而不劌, 直
而不肆, 光而不耀.

When the government is dull and undiscriminating, the
    people will be genuine and holesome;
When the government is cunningly efficient, the people

will be deficient.

Calamities are what good fortune depends on;
Good fortune is where calamities are latent.
Who knows their limits?

There is nothing that is always right.
The right thing turns into what is perverse,
The good thing turns into what is evil.
The people have been deluded for a long time!

Therefore, the sages are square but not hurtful,
Sharp but not cutting,
Straight but not overreaching,
Bright but not dazzling.

제59장

검약하는 일보다 좋은 것은 없다

— 아낌의 정치

사람을 지도하고 하늘을 섬기는 일에

검약하는 일보다 좋은 것은 없습니다.

검약하는 일은 일찌감치 [도를] 따르는 일입니다.

일찌감치 도를 따른다는 것은 덕을 많이 쌓는 일입니다.

덕을 많이 쌓으면 이겨내지 못할 것이 없습니다.

이겨내지 못할 것이 없으면 그 능력의 끝을 알 수 없습니다.

그 능력의 끝을 알 수 없을 정도가 되면 나라를 맡을 만

　합니다.

나라의 어머니를 모시면, 영원할 것입니다.

이것이 바로 깊은 뿌리深根, 튼튼한 바탕固柢으로서

영원한 삶長生, 오래 봄久視의 길입니다.

治人事天, 莫若嗇. 夫唯嗇, 是以早服, 早服謂之重積德.
重積德則無不克, 無不克則莫知其極, 莫知其極, 可以有
國. 有國之母, 可以長久, 是謂深根固柢, 長生久視之道.

In governing the people and serving heaven,
Nothing is better than being thrifty.
Being thrifty is called being prepared to adhere [to the
   Tao].

Being prepared means having a heavy accumulation of
   virtue.
With a heavy accumulation of virtue, there is nothing that

you cannot overcome.

If there is nothing that you cannot overcome, no one
knows your limits.

If no one knows your limits, you can govern the state.

If you have the mother in the state, you will last long.

This is called deep roots and a firm base.

It is the way of everlasting life and long-enduring vision.

제60장

작은 생선을 조리하는 것과 같다

— 놓아둠의 정치

큰 나라를 다스리는 것은
작은 생선을 조리하는 것과 같습니다.

도로써 세상을 다스리면
귀신도 힘을 쓰지 못하게 됩니다.
귀신이 힘이 없기 때문이 아니라,
힘이 있어도 사람을 해칠 수가 없는 것입니다.
그 힘이 사람을 해칠 수 없다기보다는
성인이 사람을 해치지 않는 것입니다.
양쪽 모두 해치지 않으니

그 덕이 서로에게 돌아갑니다.

治大國若烹小鮮. 以道莅天下, 其鬼不神, 非其鬼不神,
其神不傷人. 非其神不傷人, 聖人亦不傷人. 夫兩不相
傷, 故德交歸焉.

Governing a big country is like cooking small fish.

If you govern the world by the Tao, demons will lose their
spiritual power.
Not that they have no power, but their power cannot
harm the people.
Not that their power cannot harm the people, but the
sages do not harm the people.
Because both do not harm, virtue will return to each
other.

제61장

큰 나라는 강의 하류

— 대국과 소국의 관계

큰 나라는 강의 하류.
온 세상이 모여드는 곳.
그것은 세상의 여인.
여성은 언제나 그 고요함으로 남성을 이깁니다.
고요히 스스로를 낮춥니다.

그러므로 큰 나라는 작은 나라 아래로 스스로를 낮춤으로
작은 나라를 얻고,
작은 나라는 큰 나라를 향해 내려감으로
큰 나라를 얻습니다.

그러므로 한쪽은 스스로를 아래에 둠으로 남을 얻고
다른 한쪽은 스스로 내려감으로 남을 얻습니다.

큰 나라가 오로지 바랄 것은 사람을 모아 보양하는 것,
작은 나라가 오로지 바랄 것은 들어가 남을 섬기는 것.
큰 나라 작은 나라가 자기들 바라는 바를 얻으려면,
큰 나라가 [먼저] 스스로를 낮추어야 할 것입니다.

大國者下流, 天下之交, 天下之牝. 牝常以靜勝牡, 以靜
爲下. 故大國以下小國, 則取小國, 小國以下大國, 則取
大國. 故或下以取, 或下而取. 大國不過欲兼畜人, 小國
不過欲入事人. 夫兩者各得所欲, 故大者宜爲下.

A big country is like the lowest part of a river.

All the streams of the world converge into it.
It is the female of the world.
The female always overcomes the male with her
    tranquility.
With tranquility she puts herself below.

Thus the big country,
By putting itself below small countries,
Wins small countries.
Thus one wins by putting itself below;
And the other wins by flowing below.

What a big country wishes is to unite and rear others;
What small countries wish is to join and serve others.
If a big country and small countries both want to win,
The big country should assume the lower position first.

제62장

도는 모두의 아늑한 곳

— 도의 포용성

도는 모두의 아늑한 곳.

선한 사람에게도 보배요,

선하지 않은 사람에게도 은신처입니다.

아름다운 말은 널리 팔리고,

존경스러운 행위는 남에게 뭔가를 더해줄 수 있습니다.

사람 사이의 선하지 않다고 하는 것이라도,

무슨 버릴 것이 있겠습니까?

그러므로 천자天子를 옹립하고 삼공三公을 임명할 때,

네 필 말이 끄는 수레를 앞세우고 아름드리 옥표을 바치
  지만,
오히려 무릎을 꿇고 이 도를 바치는 것이 더 좋은 일입니다.

옛사람이 이 도를 귀히 여긴 까닭이 무엇이겠습니까?
도로써 구하면 얻고, 죄 있어도 이로써 면할 수 있다고
  하지 않았습니까?
그러기에 세상이 이를 귀히 여기는 것입니다.

༄༅

道者萬物之奧, 善人之寶, 不善人之所保. 美言可以市,
尊行可以加人, 人之不善, 何棄之有. 故立天子, 置三公,
雖有拱璧以先駟馬, 不如坐進此道, 古之所以貴此道者
何. 不曰求以得, 有罪以免邪, 故爲天下貴.

The Tao is a snug shelter for all.
It is treasure for the good people,
And refuge for the bad people.

Beautiful words can sell well;
Respectable deeds can be considered gainful.
But why should the Tao discard those that are not good?

Therefore when crowning the son of heaven and installing
    the three ministers,
Rather than present large pieces of jade preceded by teams
    of four horses,
It is better to kneel and offer this Tao.

Why did the ancients honor this Tao?
Did they not say, "If you seek, with the Tao you will get it;
    if you commit offenses, with the Tao you will be free?"
This is why all the world honors the Tao.

제63장

어려운 일은 쉬울 때 해야

— 실기失機하지 않는 자세

함이 없는 함無爲을 실천하고,

일함이 없는 일無事을 실행하고,

맛없는 맛無味을 맛보십시오.

큰 것을 작은 것으로 여기고,

많은 것을 적은 것으로 생각하십시오.

원한을 덕으로 갚으십시오.

어려운 일을 하려면 그것이 쉬울 때 해야 하고,

큰일을 하려면 그것이 작을 때 해야 합니다.

세상에서 제일 어려운 일도 반드시 쉬운 일에서 시작되고,

세상에서 제일 큰일도 반드시 작은 일에서 시작되기 때문입니다.
그러므로 성인은 끝에 가서 큰일을 하지 않습니다.
그래서 큰일을 이루는 것입니다.

무릇 가볍게 수락하는 사람은 믿음성이 없는 법이고,
너무 쉽다고 생각하는 사람은 반드시 어려운 일을 맞게 마련입니다.
그러므로 성인이라도 일을 어려운 것으로 여기는 법입니다.
그러기 때문에 끝에 가서 어려운 일이 없게 되는 것입니다.

為無爲, 事無事, 味無味, 大小多少. 報怨以德, 圖難於
其易, 爲大於其細. 天下難事, 必作於易, 天下大事, 必作
於細. 是以聖人終不爲大, 故能成其大. 夫輕諾必寡信,
多易必多難. 是以聖人猶難之, 故終無難矣.

Act with non-action.
Practice non-interference.
Taste the tasteless.
Regard the large as small, the many as few.
Repay resentment with virtue.

You should plan the difficult things while they are easy,
Accomplish the great things while they are small.
The most difficult things in the world always begin with
　　what is easy.
The largest things in the world always arise from what is
　　small.
Therefore, the sages never strive to do the great things to
　　the end.
That is why they can accomplish the great things.

Those who agree too lightly are not trustworthy;
Those who take it too easy will encounter difficulty.
Therefore, even the sages regard things as difficult.
That is why the sages do not encounter difficulty.

제64장

천릿길도 발밑에서

— 큰일의 작은 시작

안정된 상태에 있을 때 유지하기가 쉽고,
아직 기미가 나타나기 전에 도모하기가 쉽고,
취약할 때 부서뜨리기가 쉽고,
미세할 때 흩어버리기가 쉽습니다.
아직 일이 생기기 전에 처리하고,
혼란해지기 전에 다스려야 합니다.

아름드리나무도 털끝 같은 싹에서 나오고,
구층 누대도 한 줌 흙이 쌓여 올라가고,
천릿길도 발밑에서 시작됩니다.

억지로 하는 자 실패하게 마련이고,

집착하는 자 잃을 수밖에 없습니다.

따라서 성인은 하지 않음으로 실패하는 일이 없고,

집착하지 않음으로 잃는 일이 없습니다.

사람이 일을 하면 언제나 거의 성공할 즈음에 실패하고
　　맙니다.

시작할 때처럼 마지막에도 신중했으면 실패하는 일이 없
　　을 것입니다.

그러므로 성인은 욕심을 없애려는 욕심만이 있고,

귀하다고 하는 것을 귀히 여기지 않고,

배우지 않음을 배우고,

많은 사람이 지나쳐버리는 것으로 돌아갑니다.

온갖 것의 본래적인 자연스러움을 도와줄 뿐,

억지로 하는 일을 하지 않습니다.

其安易持, 其未兆易謀, 其脆易泮, 其微易散, 爲之於未
有, 治之於未亂. 合抱之木, 生於毫末, 九層之臺, 起於
累土, 千里之行, 始於足下. 爲者敗之, 執者失之, 是以聖
人無爲故無敗, 無執故無失. 民之從事, 常於幾成而敗
之, 愼終如始, 則無敗事. 是以聖人欲不欲, 不貴難得之
貨. 學不學, 復衆人之所過. 以輔萬物之自然而不敢爲.

What is at rest is easy to maintain;
What has not yet shown signs is easy to plan for;
What is fragile is easy to shatter;
What is still minute is easy to scatter.
Deal with things before they arise;
Put things in order before they get chaotic.

A tree too thick to embrace grows from a tiny sprout;
A tower of nine levels begins with a heap of earth.
A journey of a thousand miles begins beneath your feet.

Those who take action will fail;
Those who try to grasp things will lose them.
Therefore, the sages take non-action and will not fail;
They do not try to grasp things and will not lose them.
The people, in their handling of affairs, often fail when
they are about to succeed.
If they are as careful at the end as they were at the
beginning, there will be no failure.

Therefore, the sages desire not to desire and don't value
goods that are hard to obtain;
They learn to unlearn and return to what most people pass
by.
They just help all things to be natural and dare not do
anything.

제65장

다스리기 어려운 것은 아는 것이 많기 때문

— 무지無知의 정치

옛날 도를 잘 실천하던 사람은

사람을 총명하게 하려 하지 않고,

오히려 어리석게 만들었습니다.

사람을 다스리기가 어려운 것은 아는 것^智이 많기 때문입
니다.

그러므로 아는 것으로 나라를 다스리는 것은 나라를 도
둑질하는 것,

앎이 없이 다스리는 것이 나라에 복이 됩니다.

이 두 가지를 깨닫는 것이 하늘의 법도를 깨닫는 것입니다.

언제나 하늘의 법도를 깨닫고 있음을 그윽한 덕玄德이라
　　합니다.

그윽한 덕은 너무나도 깊고 멀어서
사물의 이치에 반하는 것 같지만,
결국 [도에] 크게 따름大順입니다.

古之善爲道者, 非以明民, 將以愚之. 民之難治, 以其智
多. 故以智治國, 國之賊, 不以智治國, 國之福. 知此兩
者, 亦稽式, 常知稽式, 是謂玄德. 玄德深矣, 遠矣, 與物
反矣, 然後乃至大順.

Those who were good at practicing the Tao in ancient
　　times
Tried not to enlighten the people but to make them

ignorant.

The reason why people are hard to govern is that they
    have too much knowledge.

Therefore, to use knowledge to govern the country is
    thievery of the country;

Not using knowledge to govern the country is a blessing
    to the country.

To understand these two is to understand the principle of
    heaven.

Also always know that the principle of heaven is called the
    mysterious virtue.

Since the mysterious virtue is too deep and far away,

It seems to go opposite to things.

But it eventually achieves great harmony.

제66장

강과 바다가 모든 골짜기의 왕이 될 수 있는 까닭은

— 스스로 낮춤

강과 바다가 모든 골짜기의 왕이 될 수 있는 까닭은
스스로 낮추기를 잘하기 때문입니다.
그래서 모든 골짜기의 왕이 되는 것입니다.

백성 위에 있고자 하면
말듣에서 스스로를 낮추어야 하고,
백성 앞에 서고자 하면
스스로 몸을 뒤에 두어야 합니다.

그러므로 성인은 위에 있어도 백성이 그 무거움을 느끼

지 못하고,

앞에 있어도 백성이 그를 해롭게 여기지 않습니다.

그래서 세상 모든 사람이 그를 즐거이 받들고 싫어하지
　않습니다.

겨루지 않기에 세상이 그와 더불어 겨루지 못합니다.

江海所以能爲百谷王者, 以其善下之, 故能爲百谷王. 是
以聖人欲上民, 必以言下之, 欲先民, 必以身後之. 是以
聖人處上而民不重, 處前而民不害. 是以天下樂推而不
厭. 以其不爭, 故天下莫能與之爭.

Rivers and seas can be kings of all the valleys,
Because they are good at lying below.
That is why they can be kings of all the valleys.

Therefore, if you want to be above the people,
You must in your words put yourself below them.
If you want to stand before the people,
You must in your person stand behind them.

Therefore, the sages are above, but the people do not
consider them a burden.
They stay in front, but the people do not feel offended by
them.
Thus all in the world gladly accept them and do not tire
of them.
Because they do not contend with anyone, no one in the
world contends with them.

제 67 장

내게 세 가지 보물이 있어

— 자애, 검약, 세상에 앞서려 하지 않음

세상 모든 사람 이르기를 나의 도는 크지만

쓸모없는 듯하다고 합니다.

크기 때문에 쓸모없는 듯한 것입니다.

만약 쓸모 있었으면 오래전에 작게 되고 말았을 것입니다.

내게 세 가지 보물三寶이 있어 이를 지니고 보존합니다.

첫째는 '자애慈',

둘째는 '검약儉',

셋째는 '세상에 앞서려 하지 않음不敢爲天下先'입니다.

자애 때문에 용감해지고,
검약 때문에 널리 베풀 수 있고,
세상에 앞서려 하지 않음 때문에 큰 그릇들의 으뜸이 될
　수 있습니다.

이제 자애를 버린 채 용감하기만 하고
검약을 버린 채 베풀기만 하고
뒤에 서는 태도를 버린 채 앞서기만 한다면
이는 사람을 죽이는 일입니다.

자애로 싸우면 이기고, 자애로 방어하면 튼튼합니다.
하늘도 사람들을 구하고자 하면
자애로 그들을 호위합니다.

⁂

天下皆謂我道大, 似不肖. 夫唯大, 故似不肖, 若肖, 久
矣其細也夫. 我有三寶, 持而保之 一曰慈, 二曰儉, 三曰

不敢爲天下先. 慈故能勇, 儉故能廣, 不敢爲天下先, 故
能成器長. 今舍慈且勇, 舍儉且廣, 舍後且先, 死矣. 夫
慈以戰則勝, 以守則固, 天將救之, 以慈衛之.

All in the world say that my Tao is great but useless.
Because it is great, it seems useless.
If it had been useful, it would have long been small.

I have three treasures that I always cherish:
The first is compassion;
The second is frugality;
The third is not daring to be ahead of all in the world.

If you are compassionate, you will be brave;
If you are frugal, you will be generous;
If you dare not be ahead of all in the world, you will
    assume leadership among those of great caliber.

If you are brave while forsaking compassion,
If you are generous while forsaking frugality,

If you are ahead of all while forsaking to stay behind,
That is death.

If you attack with compassion, you will win;
If you defend with compassion, you will remain firm.
When heaven is about to save people,
It guards them with compassion.

제68장

훌륭한 무사는 무용을 보이지 않는다

— 비폭력의 힘

훌륭한 무사는 무용을 보이지 않습니다.

훌륭한 전사는 성내지 않습니다.

훌륭한 승리자는 대적하지 않습니다.

훌륭한 고용인은 스스로를 낮춥니다.

이를 일러 '겨루지 않음의 덕不爭之德'이라 합니다.

이를 일러 '사람 씀의 힘用人之力'이라 합니다.

이를 일러 '하늘과 짝함配天'이라 하는데

예부터 내려오는 지극한 원리입니다.

善爲士者不武, 善戰者不怒, 善勝敵者不與, 善用人者爲
之下. 是謂不爭之德, 是謂用人之力. 是謂配天古之極.

A good warrior does not make show of his martial prowess.
A good fighter does not get angry.
A good conqueror does not contend with his enemy.
A good employer puts himself below the employees.

This is called "the virtue of non-contention."
This is called "the power of using people."
This is called "parity with heaven", the highest principle
    of old.

제 69 장

오히려 한 자 정도 물러서야

— 방어전의 불가피성

전쟁에 대해 다음과 같은 말이 있습니다.

내 편에서 주인 노릇하는 것이 아니라 손님 노릇을 하고,

한 치 전진하려 하지 말고 오히려 한 자 정도 물러서라는

　것입니다.

이를 일러 나아감이 없이 나아감,

팔이 없이 소매를 걷음,

적이 없이 쳐부숨,

무기 없이 무기 잡음이라 합니다.

모든 화 중에 적을 가볍게 여기는 것보다 더 큰 것은 없
　습니다.
적을 가볍게 여기다가는 내 편의 보물을 거의 다 잃고 맙
　니다.

그러므로 군사를 일으켜 서로 맞서 싸울 때에는
슬퍼하는 쪽에서 이기는 법입니다.

用兵有言; 吾不敢爲主而爲客, 不敢進寸而退尺. 是謂
行無行, 攘無臂, 扔無敵, 執無兵. 禍莫大於輕敵, 輕敵
幾喪吾寶. 故抗兵相加, 哀者勝矣.

The strategists said as follows:
I dare not be the host but the guest;

I advance not an inch but retreat a foot.

This is called marching forward without advancing,
Rolling up one's sleeves without arms,
Confronting enemies without enemies,
Grasping weapons without weapons.

There is no greater disaster than making light of enemy.
If you make light of enemy, you will lose most of your
    treasures.

Therefore, when armies are raised and engaged in battle,
The one that feels sad will win.

제70장

내 말은 알기도 그지없이 쉽고

— 깨치지 못한 자의 무지

내 말은 알기도 그지없이 쉽고
실행하기도 그지없이 쉬운데
세상 사람들 도무지 알지도 못하고,
실행하지도 못합니다.

말에는 종지宗旨가 있고,
사물에는 중심이 있습니다.
사람들 이를 알지 못하기에
나를 알지 못합니다.
나를 아는 사람 드물고,

나를 따르는 사람 귀합니다.

그렇습니다. 성인은 굵은 칡베옷을 입지만
가슴에는 구슬을 품고 있습니다.

吾言甚易知, 甚易行, 天下莫能知, 莫能行. 言有宗, 事有
君, 夫唯無知, 是以不我知. 知我者希, 則我者貴. 是以
聖人被褐懷玉.

My words are extremely easy to understand
And extremely easy to put into practice.
But no one in the world can understand them,
And no one can put them into practice.

Words have their central meanings;

Affairs have their central forces.
People do not understand them,
And that is why they do not understand me.
Those who understand me are rare,
And those who follow me are few.

Therefore, the sages wear coarse clothing,
But carry jade in their bosoms.

제71장

알지 못한다는 것을 아는 것

— 아는 것과 알지 못하는 것

알지 못한다는 것을 아는 것은 훌륭한 일입니다.
알지 못하면서도 안다고 하는 것은 병입니다.

병을 병으로 알 때만 병이 되지 않습니다.

성인은 병이 없습니다.
병을 병으로 알기 때문에
병이 없습니다.

知不知上, 不知知病. 夫唯病病, 是以不病. 聖人不病,
以其病病, 是以不病.

To know that you do not know is the best.
To pretend to know when you do not know is a disease.

Only when you recognize this disease as a disease can you
be free from this disease.

The sages are free from this disease.
Because they recognize this disease as a disease,
They are free from this disease.

제72장

생업을 억누르지 말아야

— 백성 사랑이 자기 사랑

사람들이 두려워할 것을 두려워하지 않으면
더욱 큰 두려움이 이를 것입니다.

그들의 거처를 좁게 하지 말고,
그들의 생업을 억누르지 말아야 합니다.

그들을 억누르지 않기에
그들도 싫증내지 않습니다.

그러기에 성인은 스스로를 알되

스스로를 드러내지 않고,

스스로를 사랑하되

스스로를 치켜세우지 않습니다.

성인은 앞의 것을 버리고 뒤의 것을 택합니다.

民不畏威, 則大威至. 無狎其所居, 無厭其所生, 夫唯不
厭, 是以不厭. 是以聖人自知, 不自見, 自愛, 不自貴. 故
去彼取此.

If people do not fear what is dreadful,
What is more dreadful will surely arrive.

You should not limit their place,
Nor should you infringe on their livelihood.

If you do not oppress them,
They will not grow weary of you.

Therefore, the sages know themselves,
But do not show themselves;
They love themselves,
But do not exalt themselves.
Therefore, the sages leave the one and adopt the other.

제73장

하늘의 그물은 엉성한 것 같지만

— 사필귀정事必歸正

감행하는 데 용감한 사람은 죽임을 당하고,
감행하지 않는 데 용감한 사람은 살아남습니다.
이 둘 가운데 하나는 이롭고,
하나는 해로운 것입니다.

하늘이 싫어하는 것 누가 그 까닭을 알리까?
성인마저도 그것을 어려운 것으로 여깁니다.

하늘의 도는 겨루지 않고도 훌륭히 이기는 것이고,
말하지 않고도 훌륭히 응답하고,

부르지 않아도 저절로 찾아오고,
느슨하면서도 훌륭히 꾸미는 것입니다.

하늘의 그물은 광대하여
엉성한 것 같지만 놓치는 일이 없습니다.

勇於敢則殺, 勇於不敢則活. 此兩者, 或利或害, 天之所
惡, 孰知其故. 是以聖人猶難之. 天之道, 不爭而善勝,
不言而善應, 不召而自來, 繟然而善謀. 天網恢恢, 疎而
不失.

Those who are brave in daring will be killed;
Those who are brave in not daring will survive.
Of these two, one is beneficial and the other is harmful.

Who can know why heaven hates what it hates?
Even the sages consider the question difficult.

The Tao of heaven does not contend, yet is good at
    winning.
It does not speak, yet is good at responding.
It is not summoned, yet comes on its own.
It is at ease, yet good at planning.

The net of heaven is vast, and its mesh may be coarse,
Yet it misses nothing.

제74장

위대한 목수 대신 나무를 깎는 일

— 사형死刑은 하늘에 맡겨야

사람들이 죽음을 두려워하지 않으면
어떻게 죽음으로 그들을 위협할 수 있겠습니까?
사람들이 언제나 죽음을 두려워하도록 하고
이상스러운 짓을 하는 자가 있어
내가 그를 잡아 죽인다 하면
누가 감히 그런 짓을 하겠습니까?

언제나 사람 죽이는 일을 맡은 이가 있어 사람을 죽입니다.
사람 죽이는 일 맡은 이를 대신해서 사람을 죽이는 것을
  일컬어

위대한 목수를 대신해서 나무를 깎는 일과 같다고 하겠
  습니다.
위대한 목수를 대신해서 나무를 깎는 자
그 손을 다치지 않는다는 것은 극히 드문 일입니다.

民不畏死, 奈何以死懼之. 若使民常畏死而爲奇者, 吾得
執而殺之, 孰敢. 常有司殺者殺, 夫代司殺者殺, 是謂代
大匠斲. 夫代大匠斲者, 希有不傷其手矣.

If the people do not fear death,
How can they be threatened with death?
Suppose the people are made to constantly fear death,
And you seize and kill one who commits a strange act,
Who would dare to do so?

There is always the master executioner who kills.

To kill in place of the executioner is like hewing wood in place of the master carpenter.

Those who try to hew wood in place of the master carpenter

Rarely escape hurting their own hands.

제75장

백성이 굶주리는 것

— 수탈 정치의 종식

백성이 굶주리는 것

윗사람이 세금을 너무 많이 받아먹기 때문입니다.

그 때문에 굶주리는 것입니다.

백성을 다스리기 어려운 것

윗사람이 뭔가를 한다고 하기 때문입니다.

그 때문에 다스리기 어려운 것입니다.

백성이 죽음을 가볍게 여기는 것

윗사람이 지나치게 삶에 집착하기 때문입니다.

그 때문에 죽음을 가볍게 여기는 것입니다.

삶을 추구하지 않는 사람

삶을 귀하게 여기는 사람보다 더 현명합니다.

民之饑, 以其上食稅之多, 是以饑. 民之難治, 以其上之
有爲, 是以難治. 民之輕死, 以其上求生之厚, 是以輕死.
夫唯無以生爲者, 是賢於貴生.

The people starve.
The rulers are levying too much tax,
And this is why they starve.

The people are hard to govern.
The rulers try to take action,

And this is why they are hard to govern.

The people do not take death seriously.
The rulers are attached too much to life,
And this is why they do not take death seriously.

Those who pursue nothing in life
Are wiser than those who value life.

제76장

살아 있을 때는 부드럽고 약하지만

— 생명의 원리로서의 부드러움과 여림

사람이 살아 있을 때는 부드럽고 약하지만
죽으면 단단하고 강해집니다.
온갖 것, 풀과 나무 살아 있으면 부드럽고 연하지만
죽으면 말라 뻣뻣해집니다.
그러므로 단단하고 강한 사람은 죽음의 무리이고
부드럽고 약한 사람은 삶의 무리입니다.

군대가 강하면 이기지 못하고
나무가 강하면 꺾이고 맙니다.

강하고 큰 것은 밑에 놓이고,

부드럽고 약한 것은 위에 놓이게 됩니다.

人之生也柔弱, 其死也堅强. 萬物草木之生也柔脆, 其死
也枯槁. 故堅强者死之徒, 柔弱者生之徒. 是以兵强則不
勝, 木强則折. 强大處下, 柔弱處上.

When people are alive, they are soft and supple;
When they are dead, they are stiff and rigid.
When all things, grasses and trees, are alive, they are soft
   and pliant;
When they are dead, they are dry and brittle.
Therefore, the stiff and rigid are companions of death;
The soft and pliable are companions of life.

If an army is rigid, it cannot win;

If a tree is inflexible, it will break.

The rigid and mighty will be placed in the lower position;
The soft and weak will be placed in the higher position.

제77장

하늘의 도는 활을 당기는 것과 같다

— 공평하고 균형 잡힌 사회

하늘의 도는 활을 당기는 것과 같습니다.

높은 쪽은 누르고

낮은 쪽은 올립니다.

남으면 덜어주고

모자라면 보태줍니다.

하늘의 도는 남는 데서 덜어내어

모자라는 데에 보태지만,

사람의 도는 그렇지 않아

모자라는 데서 덜어내어

남는 데에 바칩니다.

남도록 가진 사람으로 세상을 위해

봉사할 수 있는 사람이 누구겠습니까?

오로지 도 있는 사람만이 그렇게 할 수 있습니다.

그러므로 성인은

할 것 다 이루나 거기에 기대려 하지 않고

공을 쌓으나 그 공을 주장하지 않습니다.

자기의 현명함을 드러내지 않으려 하기 때문 아니겠습니까?

天之道, 其猶張弓與, 高者抑之, 下者擧之. 有餘者損之,
不足者補之. 天之道, 損有餘而補不足, 人之道, 則不然,
損不足以奉有餘. 孰能有餘以奉天下. 唯有道者. 是以聖
人爲而不恃, 功成而不處, 其不欲見賢.

The Tao of heaven is like the drawing of a bow.
The upper part is pressed down;
The lower part is lifted up.
The excess part is taken away;
The insufficient part is supplemented.

The Tao of heaven takes away from the excess and adds to
the insufficient.
The Tao of people is not like this.
It takes away from the insufficient and adds to the excess.
Who can have excess and offer it up to serve the world?
Only a person who has the Tao!

Therefore, the sages take actions, but do not rely on them,
Accomplish their task, but do not claim the credit.
Is it not because they do not want to display their
worthiness?

제78장

세상에 물보다 부드럽고 여린 것은 없다

— 물의 역설적 위력

세상에 물보다 더 부드럽고 여린 것은 없습니다.
그러나 단단하고 힘센 것을 물리치는 데
이보다 더 훌륭한 것은 없습니다.
이를 대신할 것이 없습니다.

약한 것이 강한 것을 이기고
부드러운 것이 굳센 것을 이기는 것
세상 사람 모르는 이 없지만
실천하지는 못합니다.

그러므로 성인은 말합니다.

"나라의 더러운 일을 떠맡는 사람이

사직을 맡을 사람이요,

나라의 궂은일을 떠맡는 사람이

세상의 임금"이라고.

바른말은 반대처럼 들립니다.

天下莫柔弱於水, 而攻堅强者莫之能勝. 以其無以易之.
弱之勝强, 柔之勝剛, 天下莫不知, 莫能行. 是以聖人云,
受國之垢, 是謂社稷主, 受國不祥, 是謂天下王. 正言若反.

Nothing in the world is softer or weaker than water.
And yet nothing is better than it for attacking what is hard

251

and strong.
Nothing can substitute for it.

There is no one in the whole world
Who does not know that the weak overcomes the strong
And the soft overcomes the hard.
Yet no one can put it into practice.

Therefore, the sages say:
"Those who receive the filth of the country are entitled to
    be the lord of Altar for the Gods of Soil and Grain,
And those who bear the misfortunes of the country are
    entitled to become the kings of the country."

True words sound paradoxical.

제79장

깊은 원한은 한이 남는다

— 척짓지 않는 삶

깊은 원한은 화해하더라도
여한이 남는 법입니다.
이것이 어찌 잘된 일이라 하겠습니까?

그러므로 성인은
빚진 자의 입장에 서서
사람을 다그치는 일이 없습니다.

덕이 있는 사람은
계약을 관장하고

덕이 없는 사람은
조세를 관장합니다.

하늘의 도는 편애하는 일이 없이
그저 언제나 선한 사람의 편에 설 따름입니다.

和大怨, 必有餘怨, 安可以爲善. 是以聖人執左契, 而不
責於人. 有德司契, 無德司徹. 天道無親, 常與善人.

Great resentment, even when reconciled, leaves lingering
    resentment.
How can this be good?

Therefore the sages hold the debtor's side
And do not make demands of others.

Those who have virtue attend to the tally;
Those who do not have virtue attend to the tax law.

The Tao of heaven is impartial.
It is always with good people.

제80장

인구가 적은 작은 나라

— 도가적 이상 사회

인구가 적은 작은 나라

열 가지 백 가지 기계가 있으나 쓰이지 않도록 하십시오.

백성이 죽음을 중히 여겨

멀리 이사 가는 일이 없게 하십시오.

비록 배와 수레가 있어도 타는 일이 없고,

비록 갑옷과 무기가 있어도 내보일 일이 없습니다.

사람들 다시 노끈을 매어 쓰도록 하고,

음식을 달게 여기며 먹도록 하고,

옷을 아름답게 생각하며 입도록 하고,

거처를 편안하게 생각하며 살도록 하고,

풍속을 즐기도록 하십시오.

이웃 나라가 서로 바라보이고,

닭 우는 소리 개 짖는 소리가 서로 들리지만,

사람들 늙어 죽을 때까지 서로 왕래하는 일이 없습니다.

小國寡民, 使有什伯之器而不用, 使民重死而不遠徙, 雖
有舟輿, 無所乘之, 雖有甲兵, 無所陣之, 使民復結繩而
用之, 甘其食, 美其服, 安其居, 樂其俗, 隣國相望, 鷄犬
之聲相聞, 民至老死, 不相往來.

Let there be a small country with few people.
Let the tens and hundreds of devices find no use.
Let the people take death seriously so that they do not

move far away.
They may have boats and carts, but no need to ride in
them;
They may have armor and weapons, but no reason to
display them.

Let the people return to tying knots [to keep records],
Enjoy their food,
Consider their clothing beautiful,
Regard their dwellings comfortable,
Delight in their customs.

Although they may look upon their neighboring states
And overhear the sounds of their roosters and dogs,
The people never visit each other until they get old and
die.

제81장

믿음직스러운 말은 아름답지 못하고

— 아름다움과 변론과 박식함을 넘어서서

믿음직스러운 말은 아름답지 못하고,

아름다운 말은 믿음직스럽지 못합니다.

선한 사람은 변론하지 않고,

변론하는 사람은 선하지 않습니다.

아는 사람은 박식하지 못하고,

박식한 사람은 알지 못합니다.

성인은 쌓아놓지 않습니다.

사람들을 위해 뭐든지 하지만

그럴수록 더욱 많이 가지게 되고,

사람들을 위해 모두를 희사하지만
그럴수록 더욱 많아지게 됩니다.

하늘의 도는 이롭게만 할 뿐
해로운 일이 없습니다.
성인의 도는 하는 일이 있더라도
겨루지를 않습니다.

信言不美, 美言不信. 善者不辯, 辯者不善. 知者不博,
博者不知. 聖人不積. 既以爲人己愈有, 既以與人己愈
多. 天之道, 利而不害, 聖人之道, 爲而不爭.

Sincere words are not beautiful;
Beautiful words are not sincere.

Those who are good do not argue;
Those who argue are not good.
Those who know are not widely knowledgeable;
Those who are widely knowledgeable do not know.

The sages do not accumulate.
The more they do for others, the more they have for
    themselves.
The more they give to others, the more they possess of
    their own.

The Tao of heaven benefits, but does not harm.
The Tao of the sages acts, but does not contend.